国家民委民族研究项目（2016-GMD-015）、重庆市社会科学规划项目（2016YBGL132）和武陵山绿色发展协同创新中心项目（XTCX03）联合资助

化工产品链延伸与物流优化研究

付启敏　罗纯军　著

科学技术文献出版社
SCIENTIFIC AND TECHNICAL DOCUMENTATION PRESS

·北京·

图书在版编目（CIP）数据

化工产品链延伸与物流优化研究 / 付启敏，罗纯军著. —北京：科学技术文献出版社，2018.8（2019.5重印）
ISBN 978-7-5189-4772-0

Ⅰ. ①化… Ⅱ. ①付… ②罗… Ⅲ. ①化工产品—物流管理—研究 Ⅳ. ①F767

中国版本图书馆 CIP 数据核字（2018）第 192232 号

化工产品链延伸与物流优化研究

策划编辑：周国臻　　责任编辑：王瑞瑞　　责任校对：张吲哚　　责任出版：张志平

出　版　者	科学技术文献出版社
地　　　址	北京市复兴路15号　邮编　100038
编　务　部	（010）58882938，58882087（传真）
发　行　部	（010）58882868，58882870（传真）
邮　购　部	（010）58882873
官 方 网 址	www.stdp.com.cn
发　行　者	科学技术文献出版社发行　全国各地新华书店经销
印　刷　者	北京虎彩文化传播有限公司
版　　　次	2018年8月第1版　2019年5月第2次印刷
开　　　本	710×1000　1/16
字　　　数	201千
印　　　张	11
书　　　号	ISBN 978-7-5189-4772-0
定　　　价	48.00元

版权所有　违法必究

购买本社图书，凡字迹不清、缺页、倒页、脱页者，本社发行部负责调换

前　　言

化学工业为人类提供了丰富多彩的产品,具有广阔的市场发展前景。但来自生态文明建设的环境保护和新一轮产业结构调整的双重压力,使中国化学工业面临着比其他行业更为严峻的挑战。为建设节约型企业、生态文明社会,必须大力推行清洁生产、走循环经济的道路。开发更加节能降耗的工艺,科学延伸化工产品链,优化物流布局,已是我国化工行业在目前形势下寻找新的发展空间的必然选择。

随着技术的不断进步与市场需求的不断变化,化学工业正由过程导向转向过程导向与产品导向并重,为解决生产何种化学产品及如何生产该种化学产品以满足性能、经济、环境和市场诸方面的要求问题,化学产品工程应运而生,化工产品链的延伸和物流布局优化成为化学产品工程与技术经济及管理研究的交叉领域。基于上述考量,本书以化工产品链为研究对象,利用循环经济理念促进化工产品链的延伸,循环经济理念符合当今社会经济对绿色经济、绿色GDP、生态文明的追求,旨在强调环境保护、资源的有效利用和循环利用。本书主要开展了以下几个方面的研究工作。

首先,通过对"平台化学品"概念的进一步诠释,构建了选择平台化学品的综合评价模型,研究了基于平台化学品的化工产品链延伸路径选择方法。通过定义化工产品链延伸,研究了化工产品链延伸机制。根据产品平台策略的含义,结合化学工业的特点,对"平台化学品"概念进行了进一步诠释,丰富了产品平台

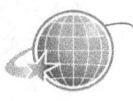

策略的内涵。针对平台化学品的特点，提出了选择平台化学品的思路和方法，建立了选择平台化学品的综合评价模型。通过××企业化工产品链延伸案例分析，验证了基于平台化学品延伸化工产品链的有效性。

其次，研究了基于纵向一体化的化工产品链延伸机制，构建了不确定性条件下产能过剩的纵向一体化模型。通过 Hart-Tirole 模型的扩展和延伸，分析了不确定性条件下产能过剩行业的纵向一体化动机、条件及影响，研究表明：当下游企业间规模和成本差异不大时，完全一体化会出现；在不确定性条件下，上游产能过剩为上下游企业纵向一体化创造了动机，该动机随并购成本下降而增加；纵向一体化的排斥效应将导致上游过剩产能退出市场，退出的可能性随上游企业单位产品投资成本的增加而增加。

再次，在化工项目综合评价的基础上，研究了化工产品链多目标优化问题。通过平衡记分卡的基本框架分析了化工项目综合评价的系统动力学机制，构建了化工项目综合评价模型；从循环经济角度出发，通过引入逻辑表达式，建立了化工产品链多目标优化的混合整数非线性规划（MINLP）模型，并以××企业产品链优化为对象进行了案例分析，证明了该模型的有效性。

最后，研究了基于物料依赖矩阵（MRM）的化工产品链物流布局优化策略。从化工产品链的各产品项目之间的物料联系出发，构建了基于各产品项目物料联系的物料依赖矩阵（MRM），通过聚类重构，提出了化工产品链物流布局优化策略，并通过案例验证了该优化策略的有效性。

虽然本书提出了一些创新性的观点与方法，但受篇幅、时间及水平的限制，存在一定的局限性与不足，对相关问题的探究还需进一步深入。笔者相信本书的出版，能够引起社会比较广泛的关注，对化工产业的发展有一定的指导作用，力争为社会经济的可持续发展贡献智慧。

目　录

第一章　化学工业 … 1
　第一节　化学工业发展现状 … 2
　第二节　化学工业的生产特点 … 4
　第三节　化学工业存在的问题 … 9
　第四节　化学工业的发展趋势 … 14
　第五节　化学工业展望 … 20

第二章　相关理论研究及文献综述 … 23
　第一节　化学产品工程与产品平台 … 23
　第二节　产业链相关文献研究 … 29
　第三节　产品链相关文献研究 … 37
　第四节　纵向一体化相关文献研究 … 42
　第五节　优化理论相关文献研究 … 53
　第六节　相关研究评价及启示 … 59

第三章　基于平台化学品的化工产品链延伸研究 … 61
　第一节　相关概念辨析 … 61
　第二节　化工产品链延伸路径研究 … 66
　第三节　平台化学品选择研究 … 69
　第四节　化工产品链延伸路径案例研究 … 77

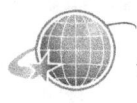

第四章 基于纵向一体化的化工产品链延伸研究 ……… 87
- 第一节 Hart-Tirole 模型简介 ……… 87
- 第二节 产能过剩的纵向一体化模型 ……… 89
- 第三节 模型分析与启示 ……… 99
- 第四节 模型推广 ……… 103

第五章 化工产品链物流布局优化研究 ……… 113
- 第一节 化工项目评价 ……… 113
- 第二节 案例研究：××企业剖析 ……… 123
- 第三节 化工产品链多目标优化研究 ……… 130
- 第四节 化工产品链物流优化研究 ……… 139
- 第五节 本章小结 ……… 153

第六章 研究结论及未来展望 ……… 154
- 第一节 研究结论 ……… 154
- 第二节 未来展望 ……… 155

参考文献 ……… 157

第一章
化学工业

化学工业在我国的国民经济中占有重要地位，是我国的基础产业和支柱产业。随着人类对资源开发利用的深化，对化工产品的需求越来越多，越来越复杂，这部分产品的附加价值也更高。传统化工产品市场日趋饱和，基础化工产能过剩已成为我国化学工业面临的严峻挑战。许多大学和科研机构化学工程专业的研究重心逐渐由面向过程转向面向产品，化学工程的研究向微观层次不断延伸，注重高附加值专用化学品（如精细化学品、生物化工、医药等）的设计和开发。越来越多从事通用化学品生产的大化工企业开始介入专用化学品的开发和生产。通用化学品和专用化学品不再泾渭分明，以产品为导向的制造过程和以市场为导向的产品开发与选择过程的结合，使得化工企业能够在通用化学品的基础上，结合市场的需求选择开发生产专用化学品。上述这些变化意味着未来的化学工程不能只关注制造过程，而更要考虑如何开发有市场前景的产品。

化学工业属于流程型工业，流程型工业在其生产过程中，每一个工艺环节都会有相应的产出，从最初的原料到最终的产品，整个产品链沿着技术工艺延伸，而其工艺流程一般取决于专用生产设备，生产设备一旦选定，其工艺流程一般就很难改变。化学工业资源资金技术密集，产业关联度高，经济总量大，对促进相关产业升级和拉动经济增长具有举足轻重的作用。国内外文献分析发现，过去学术界对化学工业的研究，对物质集成、能量集成研究较多，而对产品链做系统分析和管理的研究明显不足，化工企业在投资决策问题上缺乏更深入具体的理论指导与依据，导致化工产品链延伸过程中，存在着诸多误区。

在理论方面，化工产品链理论研究尚处于起步阶段，至今仍没有形成一个较为统一的理论框架，其中化工产品链延伸与优化相关问题的研究处于更加薄弱的状态，因此化工产品链延伸与优化理论与方法的研究对于丰富和发

展化工产品链理论及方法具有重要的学术价值。因而，本书在前人研究的基础上，主要结合化学工业上下游产品具有很强的关联性、装备有很强专用性的特点，重点研究了化工产品链的延伸与物流布局优化问题，为化工企业通过化工产品链延伸来提高产品附加值，并从化工产品链多目标优化和物流空间布局优化的角度为解决资源的更合理配置提供理论指导。

在实践方面，近年来化学工业正面临资源紧缺和环境保护的双重压力，亟须加快结构调整、转变发展方式。化工产品链延伸与优化理论和方法对于化工企业通过产品结构调整、实现发展方式的转变具有重要的指导意义。

本书无论在理论上还是在实践中都具有重要指导意义。

第一节　化学工业发展现状

化学工业是国民经济基础性战略产业，也是我国的支柱产业之一。经过几十年的发展，特别是20世纪80年代以来，通过引进国外成套技术，我国的石油化工已发展到较大的规模，化学工业取得了长足发展，产业规模、产品产量和综合实力不断提高，建立了较完整的化学工业体系。

进入21世纪，出现了如房产、汽车、电讯、网络等快速增长产业，消费结构升级拉动产业结构升级，导致重工业增长快于轻工业增长，标志着我国已经进入工业化中期，即重化工业快速增长阶段。重化工业具有附加值高、投资规模大、建设周期长、需求潜力大、产业链条长、中间产品比重高、产业带动力强等特点（陈清泰，2004）。而重化工业属于资源依赖型或资源密集型产业，其快速发展加大了资源与环境的负荷，使我国经济增长和社会发展越来越靠近资源与环境的约束边界，粗放的增长方式维持其可持续性的空间越来越小。我国化学工业经过多年的快速增长，产业内部积累的矛盾也越来越突出，如集约化发展程度低、技术创新能力弱、产品结构不尽合理、资源约束加大等，严重地制约着我国化学工业的可持续发展。

向下游延伸化工产品链，几乎成为众多化工企业特别是大型化工企业制订发展规划时的必然选择。尤其是现今基础化工产业已高度成熟，营利能力减小，化学工业逐渐由初级加工向深度加工发展。向下游延伸产品链、发展精细化工，被认为是化工企业新的经济增长点。一些大化工企业已开始向下游拓展，并可满足客户多元化的需求。化工企业把精细化工当作主业延伸的重要业务，无论是为了增加效益，或是开拓辅业，分流人员，除着眼于企业本身具有原料资源、科技实力、公用工程及基础设施等条件，同属化工专业，性质近似，容易适应的因素外，精细化学品（包括专用化学品，下同）用户覆盖面广，附加值高，市场前景好，发展潜力大，更是被业界普遍认同的原因。

化工行业是典型的链式生产行业，其产业链长，产品关联度高，输入的初始原材料有限，但原料路线和生产方法的多样化造成了产成品种类繁多，其产品结构呈倒金字塔结构，每一种产品可以由很多种方法和原料生产得到，从几十到上百种，不一而足。相同的原料在不同的生产条件下可生产出不同产品，原料和产品的关系错综复杂。因此，化工产品链的系统分析和管理，尤其是化工产品链的延伸与优化对化工行业产业结构调整、可持续发展显得非常重要，成为摆在各个化工企业面前的重大问题。

受益于基建、房地产、制造业等领域投资回升及出口形势的回暖，2017年我国宏观经济增速较2016年有所回升。根据国家统计局公布，2016年我国国内生产总值比上年增长6.7%，而2017年我国国内生产总值827 122亿元，按可比价格计算，比上年增长6.9%。分季度看，一季度同比增长6.9%，二季度增长6.9%，三季度增长6.8%，四季度增长6.8%，这是中国经济增速7年来首次反弹。从工业增加值来看，2017年全国规模以上工业增加值比上年增长6.6%，宏观经济整体仍保持复苏态势。

受益于产品价格上涨，化工行业景气保持复苏态势。2016年下半年以来，受益于国际油价的反弹和化工产品价格的上涨，化工行业收入、利润增速均出现回升。2017年1—9月，化学原料及化学制品制造业共实现营业收入69 497.3亿元，同比增长14.70%，实现利润总额4521.6亿元，同比增长37.90%，行业景气大幅提升。受益于产品价格上涨，化工行业总体营利能力持续改善，推动了利润的大幅增长。

从营利能力来看，2017年前3季度化学原料及化学制品制造业毛利率为14.23%，同比提升0.75个百分点，环比提升0.60个百分点，营利能力保持在6年来的高位。化工行业营利能力的提升主要受益于化工产品价格的上涨，这主要是由于2016年下半年以来大宗商品价格整体的上涨及环保监管力度提升带来的供需好转。此外，化学纤维行业2017年前3季度毛利率9.43%，同比提升0.61个百分点。

化工行业生产价格指数（PPI）当月同比自2016年11月转正之后整体保持增长趋势，2017年1—9月PPI当月同比始终高于5.3%。

第二节　化学工业的生产特点

流程型工业主要是指被加工对象不间断地通过生产设备，如化工厂、炼油厂、水泥厂、发电厂等，由于生产过程是 24 小时连续不断的，人们也称此类生产为过程型或连续型；离散型工业主要是指机械装配加工业，它们的基本生产特征是机器（机床）对工件外形的加工，再将不同的工件组装成具有某种功能的产品，如汽车制造、飞机制造、电子企业和服装企业等。

流程型工业的基本生产特征是被加工对象不间断地通过一系列的加工装置，使原材料进行规定的化学反应或物理变化，最终得到满意的产品。除定期的设备检修外，正常情况下生产线不得停转，且成套专用生产线一般只生产某一种或固定的几种产品，除非进行大的工艺改进，否则不能改变原材料类型、工艺参数和产品类型，其生产工艺特点决定了其产品的单一性和不可变更性。

流程型工业和离散型工业在生产方式与市场环境方面存在较大的差异。化学工业属于流程型工业，其生产方式明显不同于离散型工业，它们差异可以从生产方式和市场环境两方面进行比较，如表 1.1 和表 1.2 所示。从表 1.1 和表 1.2 可以看出，流程型工业企业的产品品种固定，批量大，生产设备投资高，而且按照产品进行布置，通常设备是专用的，很难改做其他用途。在每个工艺过程中，伴随产出的不只是产品或中间产品，可能细分为主产品、副产品、回流物和废物等。而离散型企业的产品品种多样，产品衍生能力强，通常是小批量的不连续生产，生产设备通用性强，组合能力强，通过技术改进，较易更改设备的用途。

表 1.1　生产方式差异

企业类型	比较项目				
	技术流程	处理模式	原料流程	技术特征	上游及下游生产环节的关系
流程型企业	极少改变，但工艺流程可调整	大批量的	连续性的	物理及化学变化	联系很紧密
离散型企业	可改变	小批量的	非连续性的	主要是物理变化	联系很松散

续表

企业类型	比较项目					
	产品品种	生产环境	开始和结束环节	运行周期	对环境的影响	安全需求
流程型企业	少且变化有限	高温、高压、易燃、易爆、有毒	非常困难	长	非常大（废水、废气）	很高
离散型企业	更易改变	普通	一般	可调整	较小	普通

表 1.2　市场环境差异

	产品需求	原料的影响	产品价格	产品销售	市场竞争能力
流程型企业	视庞大的客户群或社会需求而定	非常大	受国家价格政策的影响	大部分产品由国家经营	视产品品质、成本、所占市场份额及对环境的影响而定
离散型企业	视小范围的客户群需求而定	一般	受市场需求的影响	企业自己经营	视产品质量、成本、差异化、上市时间及产品服务而定

通过以上比较，可以看出化工生产具有易燃、易爆、易中毒、高温、高压、易腐蚀等特点，较其他工业部门有更大的危险性。其主要特点如下。

一、集中度高，垄断性强

全球化学工业通过持续不断的并购、联合等战略措施调整产品结构，强化核心业务，逐步形成了一批专业性强、市场化程度高、处于技术垄断地位的大型跨国公司，如埃克森美孚、中石油、中石化、英国石油、道达尔、利安德巴塞尔、阿克苏·诺贝尔、帝国化学、杜邦、巴斯夫、西格玛、拜耳、罗地亚等，它们无论是对资源的占有还是技术、市场的垄断，都在全球占主导地位。随着国际经济一体化进程加快,世界化学工业"生产跨国化、贸易自由化、区域集团化"的特征进一步加强。目前,全球化联合生产已经成为大型跨国化学公司发展的主流方向。

随着化学工业不断走向成熟,世界大型化工公司通过兼并和收购活动形成了新的企业格局。据美国 CMAI 公司统计,2005 年,前 20 家通用化学品生产商占全球生产能力已达 46%,而 1990 年时只占 37%。目前,跨国化工公司仍在不断进行着以结构调整为特色的业务整合和优化,更多的公司开始向专业化发展,放弃了非核心业务,加强核心产业,使其在某一领域的垄断地位进一步加强,并开始逐步退出低附加值、污染严重的传统化工领域。

二、生产规模大型化,要求高

生产规模大型化。近 20 年来,国际上化工生产采用大型生产装置是一个明显的趋势。化工产业生产装置规模不断加大,以化肥为例,20 世纪 50 年代合成氨的最大规模为 6 万吨/年;60 年代初为 12 万吨/年;60 年代末,发展到 30 万吨/年;70 年代发展为 54 万吨/年。由于采用大型装置可以明显降低单位产品的建设投资和生产成本,提高劳动生产能力,降低能耗。因此,世界各国都积极发展大型化工生产装置。

化工生产要求的工艺条件苛刻。生产原料在不同工段进行反应时,都是在密闭的专用设备内实现,各工段之间原料的传递也是通过专用管道进行,整个生产过程密闭联结。有些化学反应要在高温、高压下进行,有些要在低温、高真空度下进行,要采用无毒、无害的溶剂、助剂和催化剂,生产要有利于环境保护、社区安全和人身健康。

原料和产成品储存与运输困难。化工生产使用的原料、半成品和成品种类繁多,绝大部分是易燃、易爆、有毒害、有腐蚀的危险化学品,这给生产中的这些原材料、燃料、中间产品和成品的储存和运输都提出了特殊的要求。化工公司需要确保这些操作在注重保护员工、社会和环境的同时,高质量且安全地进行。欧洲化学工业协会在 20 世纪 90 年代初出版了旨在提高化学品运输、仓储和搬运过程中的安全表现的 ICE 程序。ICE 程序的通用要素就是要完善安全质量评估系统(SQAS),每一个系统都有着独特的运输方式或者物流操作(公路、铁路、多式联运、清洗站、海运包装货物、海运散货、油罐和驳船)。

生产方式的高度自动化与连续化。化工生产已经从过去落后的手工操作、间断生产转变为高度自动化、连续化生产，生产设备由敞开式变为密闭式，生产装置从室内走向露天，生产操作由分散控制变为集中控制。同时，也由人工手动操作变为仪表自动操作，进而又发展为计算机控制。

生产安全管理至关重要。化工生产过程中如检修不及时或者操作水平和管理水平跟不上，就会出现"跑、冒、滴、漏"现象，流失的原料、成品或半成品不仅会造成经济上的损失，也会对周围环境造成严重污染，甚至会带来难以预料的后果（谢萍华、陆伟，2008）。据统计，大多数化工事故是设备事故"跑、冒、滴、漏"引起的。生产车间还配有高精度的自动检测报警装置，确保安全第一。

三、产品技术含量和附加价值大幅提高

化学工业不仅是能源消耗大、废弃物量大的产业，也是技术创新快、发展潜力大的产业。全球化学工业的科技创新在两个方面表现突出：一是对节能、环保和安全技术的开发与应用，正逐渐从"末端处理"转变为"生产全过程控制"；二是在油气成本不断上升的情况下，开发多种能源资源，包括煤炭的化工利用、生物质能源和化学品的开发等。

国际领先的化工公司在科技开发上的投入都十分巨大，通常占其销售额的4%~5%，如巴斯夫、陶氏化学、杜邦、拜耳的科技开发投入分别占总销售额的4.5%、4.5%、6.0%和7.8%，每年平均在20亿美元以上。发达国家普通化工产品市场已经饱和，增长空间有限，开发和生产高技术含量、高附加值的高端化工新产品是其主要竞争手段。技术含量高、资产回报率好、具有前瞻性的产品往往是科技开发的重点，例如，巴斯夫未来业务公司和巴斯夫风险资金公司近些年重点关注新材料市场的潜力和发展要求，为新材料的创新性研发提供了大量有利于规避风险的投资、融资服务和支持。

四、产品关联度高，范围经济明显

产品关联度高。化工行业是典型的链式生产行业，随着技术的进步、工艺的完善，其产业链可以不断延伸深化，产业链长。产业链上游一般以勘探

开发为主，主要是资源依赖型；中游一般是炼油与油品销售；下游产品越往下越精细化，产品差别化明显，附加值也越高。同时，也由于化工产成品原料路线多样化和生产方法多样化，许多的原料、辅助材料和半成品都可以在多种工艺和产品的生产中重复利用、循环利用，产品关联度很高（戴科术，2008）。

范围经济明显。化工行业生产各环节互补性强，互补性的技术经济联系使得生产总成本大大低于各自独立生产所需要的成本简单叠加，各种化学反应相互承接，具有明显的范围经济特点。化工行业生产链条越长，相关生产越丰富，其产业耦合的可能性就越大，范围经济的程度就越高（郭庆方，2007）。

五、化工产业转移，投资布局重新调整

由于世界发达国家化工产品市场已经处于饱和状态，加之环保压力、运输和劳动力价格等因素，其初级化工产品、大宗石化产品及传统化工产品的生产正在向拥有广阔市场、丰富原料和廉价劳动力的发展中国家转移。亚洲地区是化工生产及消费增长最迅速的地区，环保要求相对低，资源和劳动力相对廉价，因此亚洲地区已成为国外大公司生产转移的首选地区。到2015年，亚洲在世界化工市场需求所占的比重已提高到45%左右，高于北美的22%和西欧的25%，中国、印度等亚太地区国家已成为大型跨国化学公司生产力转移的热点和投资的重点。有报告显示，2020年印度化工业产值将增长至2000亿美元以上。欧洲化学委员会总裁分析说，由于亚洲的快速增长，欧洲化学工业将从现在占世界总量的1/3降到2015年的25%，并将继续下降到占世界生产量的16%。此外，拉丁美洲、东/中欧、俄罗斯和土耳其的一些发展中的市场也将引起跨国化工公司越来越大的关注。

从投资的产业方向来看，未来美国将更多地关注可再生能源、生物质产业；西欧和日本将重点放在精细与专用化学品、新材料的生产和研发上；中国、印度、巴西和俄罗斯将在大宗有机原料和化学品上增加投资的同时，向高技术含量的特种化学品和新材料过渡；中东则依靠丰富的石油和天然气资源，重点发展大型基础有机原料。

六、资源能源消耗量高，环境危害严重

产业结构不合理，增长方式粗放是中国经济长期未能根治的痼疾，其重要表征就是重化工业尤其是资源消耗工业增长较快。问题的关键在于，受水资源、航运等产业布局因素的影响，重化工业沿江或沿河布置已经成为一种范式。据统计，全国21 000多家石化企业中，位于长江、黄河沿岸的石化企业达13 000多家，像小造纸、小皮革等项目在水环境敏感地区大起炉灶的现象更是比比皆是。如此产业布局的最严重后果就是大量污水在可能未经处理的情况下倾注到大江小河。据生态环境部的调查统计，目前我国工业污水排放量每年达到300多亿吨，尤其是七大水系所承载的工业污水排放与日俱增。

化工行业是从事化学工业生产与开发的企业和单位的总称。化工行业包含化工、炼油、冶金、能源、轻工、石化、环境、医药和环保，是国民经济中不可或缺的重要组成部分，是以资源为基本原材料的，行业快速发展的同时消耗了大量资源。据有关资料介绍，化工行业是三大工业用水大户之一，其能耗每年大约占全国能源消耗的10%，电耗每年约占全国用电的17%。"三废"排放量大，废水排放量约占全国工业废水排放总量第1位，废气排放量约占全国工业废气排放总量第4位，固体废物排放量约占全国工业固体废物排放总量第5位，对生态和环境付出的代价也是非常沉重的。

第三节　化学工业存在的问题

一、存在的主要问题

1. 政府监管力度不够，环境污染控制难度大

政府在治理环境污染、改进化工生产方面有着重要的作用，要使化学工业实现可持续发展，就必须增加政府对化工生产的投入，健全相关环境治理与保护机制，加大对化工企业的监管力度，为化学工业实现可持续发展创造良好的外部环境。政府要根据经济发展情况和实际生产情况，制定严格的排

污标准,严肃惩罚超标排放的化工企业,责令超标企业进行整改,同时奖励和扶持实行清洁生产的化工企业,对优先实行可持续发展的企业给予政策的优惠。政府要加大监管力度,加强宏观调控手段,利用市场调节机制,促进化工企业走持续发展道路,尽可能降低废物排放,做到清洁生产与高效生产。

化工产业为国家的经济发展做出了重要贡献,国家应该为化工企业的可持续发展提供政策和物质的扶持。政府可以设立专门的可持续发展基金,用于化工企业的技术改造和提高,对实行可持续发展策略的化工企业给予财政补贴。政府这样做就可以为化工企业投入到节能高产的技术研发中创造有力的政策条件,能够更好地鼓励化工企业结合自身发展经验走好可持续发展道路。

能耗高、污染大的化工产品生产能力增加,控制难度大。近年来,随着我国农业产业的迅速发展,农业生产资料的需要量不断增加,尤其是氮肥等化学肥料用量不断增加。同时,纯碱、烧碱、电石、黄磷等物资的需求量同样增加,导致以这些产品为主要产出的化工产能都以增长速度为30%的速度持续增长,开始呈现出产能过剩的问题。另外,针对化工行业发展的产业经济改革机制不足,而且部分地区因为经济发展需要,地方保护主义严重,导致国家的产业结构调整政策不能得到有效落实,这些因素都导致了高能耗、高污染产品持续增加的问题。

2. 环保问题突出,清洁生产亟待加强

随着环境问题日益突出,人们在追求经济利益的同时,也把目光和思维放在了环境保护方面,并取得了一定的成绩。对于化学工业来说同样如此,可持续发展就是要求化工发展必须要坚持人与自然的和谐统一,不能以牺牲环境的惨重代价来单方面寻求化工的发展。化工产业能否做到可持续发展,关系到我国环境保护工作的成效。由于化工产业属于高排放、高污染的经济发展类型,所以就必须发展化工环保产业,把化学工业的生产带上一个绿色、高效、污染低的可持续发展道路。发展化工环保产业,需要加快化工废水、废物的处理,使污染物排放遵循国家的排放标准,提高化工排污装备水平,不断寻求最佳节能减耗的生产方式。

对于化工企业来说,清洁能源的开发符合化工产业可持续发展的需要。化工企业开发清洁能源,实现清洁生产,有利于优化能源结构,改善环境质量,促进可持续发展战略的实施。例如,化工企业可以充分利用好天然气这

种热能高、污染少的清洁能源，降低废气的排放，优化化工生产的能源结构。除了天然气这种清洁能源以外，能够供化工企业生产需要的清洁能源还有很多，需要化工企业在实际生产中，要及时更新生产设备，引入清洁生产环节，坚持走化工生产的可持续发展道路。

化学工业实施清洁生产工作的基础薄弱。针对化学工业的能源消耗与污染物的排放统计策略及机制都不够完善，部分规章制度已经是10年前制定的了，已经不能完全满足当前化学工业清洁生产工作的实际需要。部分生产行业的节能减排工作甚至没有制定对应的标准，需要在当前进行对应的制定。即使国家统计部门需要对应的统计数据，也需要相关行业部门的支持、核实才能保证数据的真实可靠。另外，清洁生产工作的统计及管理队伍相对较为薄弱，还没有专职的能源与环境保护管理人员。

3. 技术创新不够，行业节能减排技术开发力度不足

节能减排工作的实施需要更多更先进的技术支持。化学工业企业近年来规模得到了持续扩大，但是与此相对比的却是节能减排技术的开发及投入力度不足。即使部分企业在实施的过程中开发出了对应的节能减排技术，但是因为其自身利益的因素，部分企业不愿意在行业内部进行共享。同时，对于那些已经拥有相对完善、成熟的节能减排技术行业而言，国家在技术及专项政策、资金等方面的支持稍显不足。从全球化学工业的发展情况来看，与当前中国工业化水平相比，所确定的节能减排目标要求过高，节能减排工作的力度和挑战都较为严峻，还需要国家从资金、政策等多个方面予以投入。

技术始终是化学工业顺利实现可持续发展战略的关键，必须重视对技术的研发和创新。化学工业是一个高耗能、高排放的产业，所以就要利用技术手段来解决化工生产过程中的低效率生产，减少污染物排放，提高对资源的高效利用，为可持续发展战略提供强有力的技术支持。实现技术创新，要充分利用好高校、科研单位的人才优势，在做好化工企业的实际调研工作基础上，成立技术合作组织，通过高效率的技术交流和沟通，发挥团体思维优势，推动化学工业的技术开发，满足化工企业的技术需要。

化学工业的可持续发展与化学的科研是紧密联系的，技术为化学工业的可持续发展提供动力，能够改变现有的化工企业中的不利状况，实现化工企业发展新的突破。实现化工企业的可持续发展，要把高效、节能、清洁的关键技术很好地应用到化工生产中，探索出更多的先进生产方式，创造出符合可持续发展理念的化工产品。实现技术创新，就要利用好低品位原料，寻找和生产可替代性原料，降低化工生产中不必要的耗能，最终实现以最少的付出获得最大的收获的目的。提高技术创新，要注重培养一批思维能力强、专业素质高的人才，这些人才不仅能够掌握现有的化工生产实践，还要拥有最新的理论科学知识，能够将满腔的热情投入到化工的可持续发展策略研发中。

4. 环保意识不强，急需发展资源节约型化学工业

发展低碳经济实质上是对现代经济运行与发展进行一场深刻的能源经济革命，转变经济发展方式、提高能效、发展低碳能源技术已成为国际社会的共识，提高碳生产率正在成为新一轮国际经济的增长点和竞争焦点。由于全球性环境污染影响因子的80%是化学性污染，低碳时代的到来使得化学工业不得不面对更严格的环境控制和不断飙升的成本费用，必须进一步增强环境忧患意识和做好环保工作的法制意识、责任意识。发达国家对于化工产品"绿色化"的要求，以及发展中国家受到"绿色壁垒"的限制，使得化工产品设计的绿色化成为必然趋势。在绿色化工产品设计时，要遵循全生命周期设计、再循环和再使用设计、降低原料和能量消耗设计及利用计算机技术进行绿色化工产品的设计等原则。低碳时代，化学工业的发展目标应该是实现高选择性、高效的化学反应，产生极少的副产物，实现"零排放"，继而达到"原子经济"的绿色化学。从环保、经济和社会的要求看，化学工业不能再承担使用和产生有毒、有害物质的费用，需要大力研究与开发具有社会责任感、可信赖的资源节约型、环境友好型产业。

化工企业在生产中要在可持续发展理念的引导下，选择最佳清洁原料，提高原料转化率，注重对排放物的回收利用，建立清洁高效的资源节约型生产模式。化工企业要制订合理的发展规划，利用好现有的技术和设备条件，规范化学工艺流程，力求工厂内的布置合理，积极开拓化学工程新领域，创新工艺生产、设备制作，调动起工人参加技术创新的积极性，形成具有较强发展能力的高新技术产地。

资源节约型化学工业的建设，需要人们在化工生产的过程中，将化工生产与环境保护和谐发展的理念应用到实践中，积极推动化工产业升级，将化工产业由高耗能、高污染、粗经营的生产模式转变为低耗能、低污染的技术密集型产业，最终顺利推动可持续发展战略的实行和推进。

二、亟待研究解决的关键问题

随着全球经济一体化步伐的加快,我国化学工业面临国内外市场的激烈竞争,必须既要增强产品创新能力、缩短设计周期、提高用户化程度,同时又要降低成本,保证质量及良好的售后服务。在环境保护和新一轮产业结构调整的双重压力下,使我国化学工业面临着比其他行业更为严峻的挑战。为应对愈演愈烈的国际金融危机对化工行业的冲击,2009年2月19日国务院常务会议审议并原则通过石化产业调整振兴规划,此规划不仅针对化工企业当前面临的困难提出相应措施,而且从中长期发展的角度加以指导,强调振兴石化产业,必须在稳定石化产品市场的同时,加快结构调整,优化产业布局,着力提高创新能力和管理水平,不断增强产业竞争力。

产品链延伸与优化是产品链理论的核心问题之一。从目前国内外研究的现状看,该领域存在着诸多亟待解决的问题,具体表现为:对产品链形成的内在机制、动力机制、传导机制等缺乏更深入研究;产品链延伸优化尚缺乏通用和有效的方法,有关产品链延伸与优化研究还比较薄弱。

从化工产品链及其相关领域的研究现状看,国内外一些学术机构与学者主要从产业链(何振宏,2005)、产业集群(吴琨,2004)等方面,从物质集成和能量集成的视角对化工行业的可持续发展管理模式进行了较为全面的研究。而对化工产品链的研究,至今尚未形成系统的研究框架,现有的研究处于支离破碎的起步阶段,尚未形成一套完整的理论体系。从文献检索的结果看,目前的研究多停留在对化工产品链这一术语概念的简单应用阶段,缺乏系统理论的支撑,使得国家在制定相关政策、企业在进行投资决策时缺乏进一步的理论支撑,理论研究的贫乏往往导致实践上的盲目和简单化,行动方案缺乏科学性和指导性。

化工行业是典型的链式生产行业,随着技术的进步、工艺的完善,其产业链越来越长,产品越来越丰富,产业耦合的可能性就越来越大,范围经济的特征就越来越明显。此外,化工产品链的优化是实现范围经济的主要技术途径,但化工企业范围经济的实现在很大程度上依赖于企业的社会责任,化工产品链的选择不仅仅是经济效益问题,必然还涉及社会效益和环境效益的实现。

化工产业生产装置规模大,投入高,占地多,大规模生产产生的运输费用和交易费用相应也非常大，优化物流布局效益明显。化工生产使用的原料、半成品和成品种类繁多，很多都是具有腐蚀性的，物料在储存、运输及生产过程中，生产设备、容器、管道等很容易被化工原料或产品腐蚀损坏。因此，化工产品链物流布局优化对化工企业加强生产管理、提高经济效益非常重要。

综上所述，通过对化工产品链的科学延伸与物流布局优化，充分利用化工产品链关联度高、范围经济明显、运费大等特点实现产品附加值、资源循环利用水平的提高和物料传输费用的节约，是提高化学工业循环经济发展水平的关键所在。

第四节　化学工业的发展趋势

化学工业以"安全、稳定、长周期、满负荷、优化"生产为目标。在化学工业竞争日益剧烈的今天，高效、安全、可靠的重要性越来越突出。此外，从社会发展的角度，化工过程还要满足对能源和环境方面的要求。其根本目的是提高效率，保证产品质量及质量的稳定性、减少产品的运营成本，走"科技含量高、经济效益好、资源消耗低、环境污染少、人力资源优势充分发挥"的新型工业化路子。

化工过程的发展需要综合考虑和过程相关的各个方面，如对环境的影响。进入 21 世纪，化学工业的发展主要从以下几个方面寻求突破（Grossmann et al., 2000）。

(1) 化学工业科技竞争方面

从过程设计和研究（R&D）角度，应开发具有新作用且 HSE（Health, Safe, Environment）友好的化学产品/原料，促进生产过程的进步，缩短产品的研发和生产周期，加快新产品的面市。

传统的化学工程在研究解决以石油化工为代表的过程工业系统的模型、设计和优化方面已日趋成熟。目前的技术进展更多的是基于工程科学的，如定量和优化技术、非线性复杂系统方法、非传统方法的应用、极端产品的制备技术等。化学产品工程的理论和技术更多地注重自然科学基础，如分子结构、颗粒界面间相互作用力等。产品设计和开发问题将面临来自多领域多学科问题的挑战，如产品细微结构对消费者感官感受的影响，从单一经济目标发展优化为考虑环境、产品安全、消费者满意度多目标规划等。

要保持竞争力和经济可行性，必须进行专业技术的深化和多专业技术的融合，采用先进技术，解决过程存在的能耗大、收率低、效益差的问题；对过程进行优化，减少成本，降低操作费用，提高产品质量。同时，为保证过程系统在最优工况下工作，必须考虑过程安全性和装置可靠性。

（2）生产方面

化工过程的过程控制与优化研究亦是化学工业发展的必需。

20世纪50年代，过程控制完全以产率为目标；到了70年代，能量危机使过程控制更关注能量再生；在资源能源、环境承载力都极其有限的今天，化工行业长期依靠高消耗、低产出、高排放来支撑经济发展是行不通的，必须走资源节约型道路，转变经济增长方式，才能实现可持续发展。

在20世纪80年代，过程控制开始注重质量、安全和环境；从90年代至今，开始注重从整个企业角度进行过程控制。连续化与自动生产是大型化的必然结果，也是未来发展的趋势。

传统的化工过程优化主要是为了得到操作费用和设备费用最优的设计方案。而常规的过程综合和优化未考虑过程的操作特性，不能保证过程系统在最优工况下工作。因此，进行过程优化必须考虑过程安全性和装置可靠性。

实现化工过程的过程控制与优化必须采取集成策略，关于集成问题的讨论亦是当前科研的热点问题。

（3）与社会关系方面

化学工业的发展，满足着人类不断增长的物质需要，亦造成了资源和能源的大量消耗与多方面的环境影响。从社会的角度，环境保护和资源问题不仅影响社会经济的发展，而且直接关系到人类的生存环境和自身的发展，是化学工业面临的巨大挑战。

实施可持续发展（Sustainable Development）战略既能满足当代人的要求又考虑了后代人的需要（Johannes Fresner，1998）。因此，化学工业的发展应该以可持续发展为指导思想，以实现经济、社会和环境的可持续协调发展。

进入21世纪以来，以美国为代表的发达国家经济增长速度趋缓，石油化工产业进入成熟期，由于能源成本不断上涨及环境要求更加苛刻等因素，使大宗石化产品的利润变薄，迫使大型化工企业纷纷采取低成本战略，以提高自身的竞争能力。与发达国家相反，具有市场资源和丰富能源且石化工业

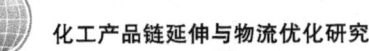

初具规模的发展中国家,在发达国家调整时期,正在积极寻求自身发展的机会。发展中国家尤其是亚洲地区石化工业发展迅速,正处在由粗放型向集约化经营转变的过程中,通过国际资本转移及合资形式建设了一批新项目。发达国家向高新技术和生命科学领域发展,大宗石化产品向发展中国家地区转移,形成了美、欧、亚三足鼎立的格局。

自2008年下半年起,受金融危机影响,全球经济陷入严重衰退,全球化学工业也走入低谷,到2010年全球化学工业才逐步走出低谷,重新步入发展的轨道。作为主要新兴经济体,中国、印度、巴西和俄罗斯4个金砖国家将继续保持强劲增长势头。

一、能源清洁化

目前,日益加剧的社会问题使人们不得不关注到能源上来。随着矛盾的加剧,能源将推到一个更高的台阶之上。在我国这些问题更加明显,虽然我国能源很富有,但是能用的不多,人均占有量更加少。从1992年我国成为石油进口国以来,我国石油消费不断上涨,依赖程度不断加大,而这就不得不使我国对能源要有一个全新的认识,那就是我国必须开发新型能源。

世界能源发展的方向和趋势是:高效化、清洁化、全球化等。开发利用高效、清洁能源很必要。随着社会的不断发展,高效、清洁能源的前景十分广阔,此种能源有很多途径可以得到,下面就介绍一种十分重要的高效、清洁能源——生物柴油。

生物柴油的开发利用迫不及待。西方国家生物柴油产业发展迅速,促进了我国生物柴油的发展。近年来,西方国家不断加大生物柴油的商业化投资力度,使生物柴油的投资规模增大,开工项目增多。美国、加拿大、日本等国家都在积极发展这项产业。随着我国石油进口依赖度的加大,我国能源安全已面临挑战。与国外相比,我国发展生物柴油方面有一定的差距,但就我国的条件和资源而言发展生物柴油是十分紧迫的国家发展大计。

化工不仅是能源消耗和废弃物排放量大的产业,也是技术创新快、发展潜力大的产业。因此,世界各国都非常重视化工的节能、环保和安全技术的开发与应用,化工的内涵和发展模式正在发生变革,既注重当前竞争能力的提高,更注重可持续发展能力的提高。当前全球化学工业发展的目标之一是清洁化和高效化,努力实现从原料供应、生产加工到终端消费全过程洁净化。环境友好产品，如清洁燃料、可降解和可回收再利用的化工产品产能不断扩大，节能、降耗、节水技术开发投入快速增加，资源利用效率不断提高。"绿色化工"是当今国际化工科研的前沿。从源头上消除污染，高效循环利用资源能源，降低生产成本，低碳绿色发展，是化学工业实现可持续发展的必由之路。

二、工艺无害化

化工行业尤其是石化、煤化工、精细化工及中间体等行业，每年产生大量的废弃物（包括废水、废气和废渣）造成的环境复合污染已成为行业可持续发展的瓶颈问题，同时也是社会、公众和政府部门高度关注的重点问题。选择优秀的技术和解决方案提升企业长久发展的可靠性保障，完善企业环保达标水平和装置建设，既为技术、设备供应商带来了巨大商机，也给化工企业带来更多选择机会。为落实国家在环境保护和危险废物管理方面的新思路、新要求，采用无毒无害的催化剂和溶剂是实现工艺无害化的关键技术路线。

1. 采用无毒无害的催化剂

目前，约90%以上的化学反应要实现工业化生产，必须采用催化剂提高其反应速率。开发新型高效、无毒无害的催化剂是绿色化学工艺的方向之一。绿色化学工艺要求催化剂自身应该是无毒的，特别杜绝催化剂在高温下分解，产生有毒气体，催化反应的后序分离过程也应该是环境友好操作，如萃取操作萃取剂的选择。同时要达到经济性原则，必须保证催化剂具有低廉的造价、稳定的化学性质、较好的活性等特点。新型的绿色催化剂主要包括新型酸碱催化剂、沸石分子筛催化剂、酶和仿酶催化剂、相转移催化剂等。

2. 采用无毒无害的溶剂

化工生产中常用到各种各样的溶剂，甚至是危险化学溶剂。安全性是溶剂选择必须考虑的因素，包括毒性和易燃、易爆、易挥发性。工业上大量使用的溶剂是挥发性有机溶剂，既有使用风险又会带来环境污染。更多地采用无毒无害溶剂也是绿色化学工艺的方向之一。应提倡使用更安全的传统溶剂（如水）或替代品，尽量用无毒或低毒物替代剧毒物，用不燃或可燃物替代易燃物，例如，用甲苯替代苯，用煤油替代汽油等。

三、原料多样化

采用无毒无害的原料。为了从源头上防止环境污染，应选用可再生的自然物质如生物质（包括农作物、野生植物）作为原料。将农副产品的废弃物（如稻草、麦秸、蔗渣）或野生纤维植物（如树枝、木屑、芦苇）加工为酸、酮、醇类化学品和糠醛；将木质素氧化转换为苯醌；用糖作物生产乙酰丙酸或乳酸；用生物质气化制造氢气等，都是绿色原料的典型例子。而用谷物和糖作物制得的葡萄糖，更是化学品优良的替代原料。如己二酸的生产，传统原料是苯（致癌物），改用葡萄糖作为原料，利用的是微生物转化途径，大大提高了合成反应的绿色化程度。生物质还是理想的石油品替代原料，生物质炼制可减少或避免石油化学炼制中污染严重的氧化过程，而且产品具有环保功能。如在我国绝大部分地区都能生长的油料林木——黄连木，其种子含油量达 42.46%，是制造生物柴油（绿色能源）的理想原料，且来源广泛，目前我国江南和华北地区已开始大面积种植和开发。

石油和天然气价格不断上升，使化工原料多元化备受重视。进入 21 世纪以来，世界各主要国家不断强化煤化工、生物化工、海洋化工等的研发投入和技术创新力度，取得了丰硕成果。以煤炭、生物质为原料的化工产业化取得重大成就，煤化工的产业竞争力越来越为世人所关注。煤电化三位一体（即 IGCC 模式）是 21 世纪煤化工的新趋势。

四、产品精细化

精细化工是当今化学工业中最具活力的新兴领域之一，是新材料的重要组成部分。精细化工是生产精细化学品工业的通称。特点如下：品种多，更新换代快；产量小，大多以间歇方式生产；具有功能性或最终使用性；许多为复配性产品，配方等技术决定产品性能；产品质量要求高；商品性强，多数以商品名销售；技术密集型工业，要求不断进行新产品的技术开发和应用技术的研究，重视技术服务；设备投资较小；附加价值率高；等等。1986 年原化学工业部将精细化工产品分为 11 个类别：①农药；②染料；③涂料（包括油漆和油墨）；④颜料；⑤试剂和高纯物质；⑥信息用化学品（包括感光材料、磁性材料等能接受电磁波的化学品）；⑦食品和饲料添加剂；

⑧黏合剂；⑨催化剂和各种助剂；⑩（化工系统生产的）化学药品（原料药）和日用化学品；⑪高分子聚合物中的功能高分子材料（包括功能膜、偏光材料等）。随着国民经济的发展，精细化学品的开发和应用领域将不断开拓，新的门类将不断增加。

从精细化工行业的特征和发展现状分析，目前我国精细化工行业的生命周期处于成长阶段。从全球精细化工市场分析，精细化工产品仍然是重点行业所需的主要中间材料，仍然是消费品市场的主要原材料来源之一，尤其是高附加值精细化学品产品的需求将不断增加，仍然存在供给缺口。精细化学品主要应用于农业、建筑业、纺织业、医药业、电子设备等行业。随着下游各行业的进一步发展，对精细化工材料的需求数量上升，性能要求进一步提高，精细化工行业与下游行业之间的关系变得更加紧密。因此，全球精细化工产品需求量在未来长期增长的可能性较大，锐减的可能性很小。全球精细化工产品需求量的上升趋势必然带动国内精细化工产品需求量的增长，会进一步促进国内精细化工行业发展，国内精细化工行业未来发展空间较大。

伴随着改革开放后我国经济与科技的飞跃式发展，我国精细化工行业迅猛发展，按照产品类别可区分为传统领域和新兴领域两部分：①精细化工行业的传统领域主要包括日用化学品、染料、农药、涂料等领域。经过长期积累，我国日用化学品已经基本满足了国民经济发展的需要，部分产品已具有一定的国际竞争力，染料、农药的产量已处于全球首位，涂料产量已达到全球第4位。②精细化工行业的新兴领域主要包括食品添加剂、饲料添加剂、胶黏剂、表面活性剂、造纸化学品、水处理药剂、电子化学品等。新兴领域精细化工产品具有专用性强、技术含量高的特点。目前我国精细化工行业的整体技术水平还比较低，一些新兴领域精细化工产品还需要大量进口，整个行业处在优化升级的发展阶段，新兴领域精细化工行业还有较大的提升空间。

大力发展精细化工已成为世界各国调整化学工业结构、提升化学工业产业能级和扩大经济效益的战略重点。精细化工率成为衡量一个国家或地区化学工业发达程度和化工科技水平高低的重要标志。其突出特点是技术含量高，产品品种多，附加值高，大型跨国公司纷纷将发展重点转向精细化工，把精细化工和高新材料作为核心产业加以发展。近年来，一些发达国家相继将化学工业发展的重点转向精细化工。2010年美国、西欧和日本的精细化工率已超过60%。

第五节 化学工业展望

党中央提出"创新、协调、绿色、开放、共享"五大理念,强调去产能、去库存、去杠杆、降成本、补短板5项重点任务,为各行各业部署开展好工作指明了方向。对化工产业而言,以去过剩产能为抓手,促动供给侧结构改革取得实实在在的显著进展,当是第一要务。

化工产业的产能过剩与煤炭、钢铁等行业的总量全面过剩不同,主要体现为结构性过剩,也就是中低端产业过剩、高端产业不足,大路货产品过剩、特种产品短缺。在国家三令五申严控一般性产能增长的环境下,石化行业中低端产业和大路货产品的产能近几年依然在持续扩增,增速甚至显著快于需求的增长,直接体现为产能过剩压力有增无减。

以合成氨和氮肥行业为例,产能过剩的状况已经维持了多年,当初的"肇事者"也成为现在的受害者。2014年,国内尿素产能达到8070万吨,而市场对尿素需求约7000万吨,尿素过剩产能约1000万吨。即便如此,一些煤炭、电力资源丰富的地区,依托成本优势规划立项建设煤头氮肥的劲头依然很足,很多项目在建设和论证规划之中。这些项目如果顺利建成,氮肥行业规划的"到2020年总产能控制在6100万吨,产能利用率提升至80%以上,产能过剩基本得到化解"就极有可能成为一纸空谈。

除了氮肥,炼油、氯碱、纯碱、电石等基础产业的产能过剩同样要么多年维持现状,要么持续加大压力,形势很不乐观。

党的十九大报告指出,我国经济已由高速增长阶段转向高质量发展阶段,正处在转变发展方式、优化经济结构、转换增长动力的攻关期,必须坚持质量第一、效益优先,以供给侧结构性改革为主线,推动经济发展质量变革、效率变革、动力变革,提高全要素生产率。对照党的十九大精神,观察化工产业的发展,离"高质量发展"的要求还相去甚远。2016年随着国家去产能"三去一降一补"政策措施的实施,化工市场企稳反弹,尤其是2017年下半年以来,党的十九大明确中国特色社会主义进入新时代,对于化工产业来讲,将面临一系列新机遇、新要求、新挑战,必须认清形势、统一思想、戒浮戒躁、坚定信心、抢抓机遇、转型发展。

中国石化联合会提出,把结构调整作为首要任务,其中一项重要工作是

第一章 化学工业

使淘汰落后产能迈出实质性步伐，对产能过剩行业的"僵尸企业"加快退出，对质地水平不高、产能利用不高的企业加快关停并转和剥离重组，以此促进传统产业转型升级。同时要打造出一批创新平台、突破一批新技术，培育好战略性新兴产业，找到新的增长点。综观2018年化工产业，期待有关部门遵循市场经济的原则和"奖先进、抑落后"的理念，出台更大力度、更有实效的税收、电价、土地、奖补、人员安置等政策措施，把中央经济工作会议倡导的"加减乘除"发挥到极致；期待国家加强地方任务分解和落实，尤其要加大问责力度，防止一些地区"谋一域而不谋全局"的隐性对抗；期待石化行业的万千企业和数百万从业者敢闯敢试，发扬并尊重基层首创精神，为全行业乃至全国的去产能、调结构工作献策出力。

一、投资增速低位运行，产能过剩局面有望好转

2017年1—10月，化学原料及化学制品制造业共完成固定资产投资11 567.63亿元，同比下滑4.21%。2009年以来，我国化工行业的固定资产投资快速增长，导致大宗化学品领域的产能严重过剩。2012年以来行业固定资产投资增速不断放缓，2016年全年投资出现负增长，目前增速仍处于低位。随着固定资产投资增速的逐年下降，行业产能过剩的局面正在逐步好转，部分去产能初见成效的行业已开始景气复苏。未来随着各子行业供给侧改革的推进，行业供需有望继续呈现结构性的好转。

二、下游需求保持稳定

从下游主要行业的情况来看，房地产领域的需求有望保持稳定态势。受益于房地产市场的回暖，房地产新开工面积自2015年下半年以来迅速提升。2017年前10个月，房地产开工和销售面积分别为14.51亿平方米和13.02亿平方米，同比增长5.6%、8.2%。房地产固定资产投资增速亦有所提升。2017年前10个月，房地产固定资产投资9.05万亿元，同比增长7.8%。目前核心城市房地产库存处于低位，未来在新型城镇化、公共租赁住房市场的推动下，房地产领域的投资有望保持略有提升，对产业链上大宗化学品的需求带来保障。

2017年1—10月，我国汽车累计产量2349.4万辆，同比增长5.3%，保持

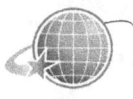

稳定增长态势；家电方面，空调、冰箱产量增速较 2016 年大幅提升，彩电增速下滑，洗衣机增速基本平稳；纺织服装方面，1—10 月布产量 588.1 亿米，同比增长 2.3%，纱产量 3520 万吨，同比增长 4.3%，增速保持平稳。

总体而言，房地产、汽车、纺织服装等相关领域的需求保持稳定，家电领域需求则出现分化。

总之，化学工业是生产过程中化学方法占主要地位的制造业，经过 100 多年的发展，其已成为全球最大的传统基础产业，正由初级加工向深度加工发展，由大批量、连续化的基础化学品生产逐步向小批量、多品种、个性化的专用化学品生产发展（钱宇，2003）。专用化学品具有产量规模较小、品种繁多、应用专一性强、技术含量高、更新换代快等特点，被认为是化学工业新的经济增长点（吕启东，2003）。

第二章

相关理论研究及文献综述

产品链是产业链的产品形式，它指产品从产品研发、原料生产、加工运输、产品销售、最终消费、回收再利用的程序中，产品及附着在产品上的服务，在不同个人或企业主体之间流转，同时发生形状、性状、颜色、功能等变化的过程，也是技术链、信息链的载体。本章分别对国内外相关领域的理论研究进展进行简要述评，为化工产品链延伸与优化提供理论支撑。

第一节 化学产品工程与产品平台

一、化学产品工程

化学工业是一个极富创造性、挑战性的重要工业领域，它具有技术密集、人才密集、资本密集的特征，特别是 21 世纪的化学工业在向"绿色化工"方向发展的同时，对知识的交叉渗透、产业的相互交融提出了更宽更深的要求。化学工程是研究化学工业和其他过程工业（Process Industry）生产中所进行的化学过程和物理过程共同规律的一门工程学科。这些工业除了包括传统化工制造（如石油精炼、金属材料、塑料合成、食品加工和催化制造等），现代化工还囊括了生物工程、生物制药及相关的纳米技术，并且此类现代化工在近年来发展非常迅速，给人类的生活带来了极大的便利，对人类生活方式产生了深远影响。

化学过程是指物质发生化学变化的反应过程，如柴油催化裂化制备高辛烷值汽油是一个化学反应过程。物理过程是指物质不经化学反应而发生的组成、性质、状态、能量变化过程，如原油经过蒸馏的分离而得到汽油、柴油、煤油等产品。至于其他一些领域，诸如矿石冶炼、燃料燃烧、生物发酵、皮革制造、海水淡化等，虽然过程的表现形式多种多样，但均可以分解为上述化学过程和物理过程。实际上，化学过程往往和物理过程同时发生。例如，催化裂化是一个典型的化学过程，但辅有加热、冷却和分离，并且在反应进行过程中，也必伴随有流动、传热和传质。

化学工业属流程型工业，与离散型工业不同，流程型工业更加关注过程而不是产品。直到 2000 年前后，英国和美国的一批学者在探讨化学工程技术发展的百年历史经验及面向 21 世纪化工学科和技术的发展方向时，才提出了将化学产品工程作为一个重要的前沿学科领域，其代表性的研究体现在美国 Princeton University 韦潜光教授的重要报告"产品工程：化学工程发展的第三个里程碑？"一文，此后在重要的化工学术期刊上相继出现了一批学术评述论文，进一步阐述了化学产品工程研究对本学科研究方向的重要意义及引导作用（Charpentier，2002；Grossmann，2004；Hill，2004）。国内外一些大学化工学院开始开设"化学产品设计"的课程，将这一前沿领域对行业前景和专业导向的影响介绍给本科生和研究生。其中，较有影响力的是 Minnesoda 大学的 Cussler 和 Cambridge 大学的 Moggridge 教授的教科书 *Chemical Product Design*，此书已被国内外多所大学选为教科书。许多具有前瞻意识的大学和科研机构，开始将化工科研的关注重点由过程转向产品，而与此相呼应的一套新兴科学工程理论——化学产品工程也渐露雏形并发生影响（Wei，2001）。

化学产品工程的理论与技术是化学工程理论及技术的深入和拓展。化学产品工程是以产品为导向的化学工程科学理论，主要解决何种产品和如何生产该种产品，以满足性能、经济、环境、市场诸方面的要求。化学产品工程这一新生工程学科理论的研究领域主要包括分子产品工程、配方产品工程、间歇生产和柔性制造技术三方面的内容（Cussler et al.，2003）。

化学产品工程学术研究的前沿方向（Wintermantel，1999；Favre et al.，2002）有：①研究如何改进化学供应链的产生和操作的决策过程；②多目标非线性系统规划和优化；③多产品集成间歇生产过程排序优化；④产品开发与过程技术研究的集成。中国国家自然科学基金委 2003 年 3 月举办的化工领域优先发展方向九华研讨会上，有学者提出建议将化学产品工程作为化学工程研究的一个重要方向。2003 年以来，国内开始出现对这一方向的专题研究论文。李伯耿等（2005）分析了当今化学工业的发展趋势：正由生产规模的大型化向产品结构与性能的多样化转变，指出化学反应工程的主要研究目标应从追求时空效率和物能利用的最大化向以产品结构和性能的可控化方向拓展，提出化学产品各层次形态结构的形成与稳定应成为化学反应工程研究的另一条主线。

2006年2月18—20日，由国内化工界专家和学术同行商议发起的"第一届化学产品工程学术研讨会"在广州举行，就化学产品工程学的概念、原理、基础科学问题、研究方法及该研究领域的现状、进展和趋势进行了广泛交流与深入研讨，会议一致认为化学产品工程研究的核心内容有：①结构化产品的构效关系模型，包括分子结构与性能（分子产品工程）及配方构成和性能（配方产品工程）；②化学产品的全生命周期设计；③产品设计和过程设计的集成。

国内学者钱宇等（2003）介绍了化学产品工程概念的产生和发展，论述了分子产品工程、配方产品工程、柔性制造过程等化学产品工程各个子领域的关键技术、应用和研究进展。钱宇等（2004）对化学工业的现状和化学工程研究的发展趋势进行了分析，探讨拓宽了化工系统工程的研究范畴，从以往以过程研究为中心向微观和宏观两个方向扩展，并提出了深化过程系统工程研究的机会和挑战。钱宇（2006）引入环境成本概念，分析了生命周期成本的构成，重点分析生命周期成本分析法的步骤，并提出采用LCC和LCA进行化工产品设计的概念框架及实施步骤，为化工产品设计提供科学定量的决策依据。陈洪章等（2008）从全新的面向原料、过程、产品的角度，提出了生物基产品过程工程这一理念，形成生物基产品生态产业新模式，为实现生物质资源高值化利用和生物基产品生态产业化提供研发思路与技术平台。周华等（2008）首先将间歇反应过程分解成动态优化模型及过程控制模型，然后通过动态优化与闭环控制策略集成，同时考虑不确定参数的影响，来提高间歇过程的产品质量及运行安全性，将该方法应用于连串放热反应的间歇过程，结果验证了其可行性和正确性。

总之，我国对于化学产品工程的研究还处于起步阶段，分子设计技术和方法模型还在实验室试验，相关文献相对较少。对于像我国这类发展中国家来说，应更关注于化工基本原料与中间化学品、精细化学品之间的关系，以及制造过程柔性化和间歇过程排产优化的研究。因此，本书将重点研究与此紧密相关的中间化学品即平台化学品选择、延伸及化工产品链的优化问题。

二、产品平台

随着产品开发的目标越来越高，产品范围越来越广，对新产品开发过程的管理也越来越复杂，如何低成本、高速度推出系列新产品？在离散型工业中采用产品平台策略是一个合理选择（王毅 等，2003）。与传统单一产品研发的创新过程、方法及组织模式不同，基于产品平台的产品族研发是面向一定市场区间，以产品基础框架为主，组织、优化组成部件的技术、结构元素，最终形成以产品平台为核心的产品族研发体系。随着市场、技术及资源等的发展和变化，作为企业创新战略、核心技术及组织管理的集中体现的产品平台将经历新一轮的创新和升级，以保有和提升企业的产品创新能力。因此，了解和掌握产品平台系统发展和演进的特点与规律，总结影响产品平台形成和推动产品平台创新的基本因素，将有助于企业更好地实施产品平台创新。目前，产品平台是实施大规模定制的核心内容，是理论界和企业界都非常关注的议题。

产品平台实践在发达国家的企业中已经有近 30 年的历程（Marc，1997），西方学者也积累了较多的研究成果。梳理这些研究成果有助于我国企业迅速导入产品平台并有效管理产品平台，提升中国制造的竞争力。鉴于此，在回顾国外产品平台文献的基础上，本书试图界定产品平台的概念，总结产品平台的模式，阐述产品平台的管理过程，并识别出进一步的研究方向。

由于新产品开发过程的日益复杂，企业对能够降低开发工作复杂度和提高开发效率的新产品开发工具的需求也日益迫切，产品平台的概念随之出现（Krishnan，2001），并在理论和实践中不断丰富和发展。"产品平台"最早由 Meyer 等（1993）提出，认为产品平台是一组产品共享的设计与零部件集合，当时这个定义主要针对有形的物质产品，后来 Meyer 等又将平台定义拓展到软件产品和服务领域，提出产品平台是产品一系列核心子系统及子系统之间的关系组成的一个公共架构，在这个公共架构上能源源不断地派生产品，具有不同特征和功能、定位不同细分市场的派生产品构成产品族。McGrath（1995）从功能角度定义产品平台是"由一组子系统和界面组成的，可以有效地开发和生产出相关产品的共有结构"。MacDuffie 等（1996）将产品平台定义为不同产品的设计基础。Corso 等（1996）认为产品平台是

第二章 相关理论研究及文献综述

产品设计和生产技术标准和规范的集合。Calabrese（1997）将产品平台定义为开发某一具体产品所需的全部模型。Baldwin 等（1997）从平台特征角度给出定义：认为平台是由模块体系、界面（模块间相互作用和联系的架构与接口）及标准（模块遵循的设计原则）三方面组成的。Wilhelm（1997）则认为对于一辆汽车来说产品平台就是底盘、驾驶系统、驾驶员座舱、车轴和油箱。Robertson 等（1998）进一步拓展了产品平台概念，从平台构成的角度定义，产品平台是一个产品系列共享资产的集合，这些资产可以分为 4 类，即零部件、工艺、知识、人员与联系。这个定义使产品平台不仅包括了构成产品的要素，也包括了为实现产品而需要的能力要素，范围比较宽广。

在以上研究中，由于研究对象、背景和侧重点的差异，对产品平台的概念进行了不同的定义。而针对大规模定制产品平台实施方法的研究和应用，国内外学者已经开展了比较广泛的研究。在产品平台战略和创新管理研究方面：Martin 等（2002）提出以产品平台为基础的低成本设计差异化产品的方法；Du 等（2003）提出运用属性图形文法来寻找产品平台和定义差异化产品的方法；陈劲等（2006）研究了复杂产品系统模块化创新流程与管理策略。在产品平台工程设计和应用研究方面：Nayak 等（2002）对 PPCEM 方法进行了扩展，提出基于变量的产品平台设计方法（VBPDM），用 CDSP 通过两个步骤求解可调节变量产品族的 3 个问题；Thevenot 等（2005）使用遗传算法和通用性指数相结合进行可调节变量产品族的再设计优化，在竞争日益激烈的全球化过程中，新产品和新服务的开发逐渐成为企业关注的焦点，不断缩短的产品生命周期、日益加剧的国际化竞争、快速发展的科学技术及用户不断增长的多样化需求是新产品开发的驱动力（Pine，1992；Ulrich，1993）。

对产品平台的界定一般有两种方式：一种是狭义的界定，通常指一些物理要素，如将产品平台看作多种需要基础设计的车身和底盘（Mac Duffie et al.，1996）。这种界定即使不是产品特定的也是产业特定的，几乎所有这种界定的研究都围绕汽车业。另一种界定方式更加抽象。例如，将产品平台界定为："为建立有效开发和生产大批派生产品的共同结构而有意规划及发展的一套次系统和界面。"（Muffatto et al.，2000）这种界定一般包括大多数重要因素，具有一定柔性，对于实践者也可以理解。

从资产的角度看，产品平台也是一系列产品共享的资产集合（David

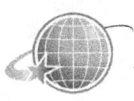

et al.，1998)。具体而言，这些资产可以分成4类：①构件：产品的配件设计、制作所需的设备和工具、电路设计、嵌入可编程芯片或存储在硬盘上的程序；②工艺：制作构件或将构件组装成产品所需用到的设备，以及相关生产过程和供应链的设计；③知识：设计诀窍、技术应用和限制、生产技术、数学模型和检验方法；④人员和关系：团队、团队成员之间的关系、团队和更大组织的关系及与供应商网络的关系。产品平台包括战略、技术、组织3个维度（Muffatto，1999）。与平台战略具有紧密联系的是平台开发与整个产品其他配件关系的组织方式。平台战略影响很多议题，特别是：①平台和模型之间的关系、平台之间的关系；②和供应商基础的关系；③和其他国家子公司及其他公司的关系。平台开发的技术维度表现在：平台需要具体的问题解决程序，并和其他开发议题（如产品架构和模块化）相关。从组织维度看，平台提供了一种在产品开发内部发展跨职能团队的手段。这种整合的决策制定可能限于技术方面，也可能在更大的范围，还包括一些商业方面的责任。在平台团队界定中可以采用很多不同的产品集团准则。当最终产品分割到一系列组织平台时，技术准则通常具有优先性，但市场细分和资源饱和也非常重要。在不同平台之间还存在很多相似性，因此平台的组织和技术维度或许有很多重合。

国内有关产品平台策略的主要研究：王毅等（1999）指出产品平台是在产品开发过程中确定的一个基准，以它为基础可以扩展出一系列产品；项宝华（2000）分析了国内外IT行业的产品平台战略；胡树华等（2000）提出了中国汽车工业技术创新平台的战略模型和决策导向的组织结构；高建新等（2006）将产品平台规划引入到新产品开发中，建立了基于平台策略的产品开发流程模型。

以上定义虽然侧重点各有不同，但是其本质思想还是一致的，简单地说：产品平台是一系列物理模块和非物理模块的集合，通过这些模块可以派生出不同的产品。该产品平台定义主要应用于离散型工业当中，其重要特点是能够派生出一系列产品（产品族），能够满足用户多样化的需求，包括潜在的需求。通过实施产品平台策略，企业能够快速推出系列新产品、缩短新产品开发周期，从而降低新产品的开发成本和生产成本，使企业获得良好的经济效益。

国内外许多离散型企业运用搭建产品平台的方法都取得了巨大成功，20世纪90年代以来的典型例子有：柯达公司基于同一平台先后开发了4种针对不同细分市场的一次性相机系列产品，到 1994 年占领了 70%的美国市场，从富士手中夺走了其保持了 8 年的市场占有领先优势；索尼公司不同型号的随身听都共享类似的录音机构；施乐公司采用模块化平台生产出不同种类的复印机以满足不同用户的需求；惠普公司在它的打印机产品族中实施了平台战略。

此外，产品平台战略在汽车工业中的应用比较普遍。在汽车工业发展史上，20 世纪 90 年代开始推行的产品平台战略可以同流水线制造、精益化生产相提并论。大众汽车公司是公认的在轿车产品上实施产品平台战略的全球领先者，它仅仅通过 4 个产品平台开发了 400 多种车型，每年节约开发费用 170 万美元。美国汽车业三巨头通用、福特和克莱斯勒等都是基于同一产品平台开发同种级别不同品牌的汽车。目前，我国一汽、二汽等公司已明确提出实施产品平台战略，但在我国其他产业，主动应用产品平台战略的还不多见。

总体来看，已有的文献比较注重在离散型工业当中对"产品平台"进行研究，而就流程型工业中的产品平台研究还很少。在流程型化学工业中的产品平台称为"平台化学品"。本书将以流程型工业中比较典型的化学工业为研究对象，重点研究平台化学品的选择和化工产品链的延伸与优化，以丰富产品平台策略研究领域。

第二节 产业链相关文献研究

产业链是产品链的价值形态表达，描述了厂商内部和厂商之间为生产最终交易的产品或服务所经历的价值增值活动过程，产业链研究是产品链研究的基础。

一、产业链相关概念

产业链的思想最早来自于西方古典经济学的有关论述。20 世纪初德国的经济学家韦伯在他的著作《工业区位论》一书中系统论述了工业区位理论，二次世界大战后分工理论有了进一步的发展，主要代表人物有：瑞典经济学家俄林在 1933 年出版的《区域间贸易和国际贸易》一书中在继承其老师赫克歇尔主要观点的基础上提出了自己的资源禀赋理论。马歇尔把分工扩展到企业与企业之间,强调了企业间分工协作的重要性,可以称为产业链理论的真正起源。

赫希曼(Hirshman,1958)从产业的前向联系和后向联系的角度论述了产业链的概念。荷利汉(Houlihan,1988)认为产业链是从供应商开始,经生产者或流通者,到最终消费者的所有物质流动。史蒂文斯(Stevens,1989)将产业链看作是由供应商、制造商、分销商和消费者连接在一起的系统,其中贯穿着反馈的物流和信息流。Handheld 等(1999)则从企业层面将产业链定义为这样一个体系——包含了所有的信息流及与货物从原材料阶段(获得原材料)一直到送达终端用户的流动和转变相关的一切活动,并将这一系统称为"供应链"。

随着研究的进一步扩展,一些学者开始尝试应用全球价值链理论对产业链的升级问题进行专项研究。在产业链中,产品价值被分解到不同的经济单元体创造,各个经济单元体的经营性活动不仅决定着个别环节的价值,还决定着整个产品的总价值。价值单元的环环相扣,必将导致产业中价值的"链"化,从而形成产业价值链。价值链的概念是由美国哈佛商学院的迈克尔·波特(Porter)于 1985 年在其所著的《竞争优势》(中译本,1997)一书中首先提出的,但寇伽特(Kogut,1992)的观点与波特强调单个企业竞争优势的价值链的观点相比,更能反映价值链的垂直分离和全球物流再配置之间的关系。在价值链条的片断化和物流重组方面,克鲁格曼(Krugman,1999)探讨了企业将内部各个价值环节在不同地理物流进行配置的能力问题。

Hines(1993)将链的两头向前向后扩展到了供应商和顾客。Rayport 等(1995)在研究中提出实物价值链和信息构成的虚拟价值链。从价值形成过程来看,企业从创建到投产经营所经历的一系列诸多环节和活动中,既有各项投入,同时又显示了价值的增加,从而使这一系列环节连接成一条能够活动的成本链。Kaplinsky(2000)在 Michael E. Porter 的价值链基础上也进行了扩展,把公司间的联系也考虑了进去,即所谓产业间价值链和产业内价值链,不同产业的价值链各不相同,其创造价值的环节亦不相同。

在应用层面,Lamb 等(1998)纵向分析了美国牛肉产业链的协作程度。Gadiesh 等(1998)从产业的角度分析了如何发掘企业的利润物流。Barry K. Goodwin(1999)用聚合法分析了牛肉产业链中价格冲击的传输问题。Ghosh（1998）、Bodily 等（2004）分别研究了在互联网和数字化环境下，如何在产业价值链中分析企业的战略问题。

还有学者试图从产业关联的角度来研究产业链的联系效应，产业关联来源于赫尔希曼的"联系效应"理论，主要研究存在于社会经济活动过程中各产业之间的广泛的、复杂的和密切的技术经济联系。罗斯托的主导产业扩散效应理论和里昂惕夫的投入产出理论侧重强调某一产业与其他产业之间的联系，从理论上看实现了质的分析与量的分析的结合。罗斯托强调的是主导产业这种扩散效应，从宏观角度阐述了产业之间应具有关联性，而这种关联的好与坏完全可以影响整个地区经济的发展，即通过选择好的主导产业来优化产业结构，使产业结构合理化、高效益化，从而形成有利于地区经济发展的主导产业。而里昂惕夫的投入产出原理表现的是各产业之间的产品，即物质联系过程，也就是生产本行业的产品需要其他产品的数量。这种联系体现了企业与企业之间的联系是产业链维持联系的纽带，而产业链上的企业与企业之间的联系包括产品联系、劳务联系、生产技术联系、价格联系、劳动就业联系、投资联系等。

"产业链"一词在我国最早是由我国学者傅国华在 1990—1993 年立项研究海南热带农业发展课题中提出来的。李心芹（2004a）和蒋国俊（2004）分别进行了考证。李心芹等（2004b）认为产业链是一定地理区域内，以某一产业中具有竞争力或竞争潜力的企业为链核，与相关产业的企业以产品、技术、资本等为纽带结成的一种具有价值增值功能的战略关系链。蒋国俊等（2004）认为产业链是一种建立在价值链理论基础上的向管理企业集合的新型物流组织形式。陈博（1999）认为产业链是不同产业通过生产要素的提供和购买关系形成产业之间链条状的联系。杨公朴等（1999）指出，产业链的本质其实是供应链与价值链的总和，产业链的核心环节就是企业整体价值创造的关键环节，企业应该抓住关键环节的战略思想，对于产业链研究同样具有积极的意义。李仕明（2004）认为产业链和价值链在本质上是一样的，没有什么分别，只是称谓不同，产业链是从政府的角度的称谓，而价值链是从企业角度的称谓。张耀辉博士（2002）认为，产业链是指从自然资源到消费品之间的产业层次，即从一种或几种资源通过若干产业层次不断向下游产业转移直至到达消费者的路径。郭海君（2003）认为产业链是指产业间通过投入产出关系而形成的一种有机联系。龚勤林（2003）认为产业链是指一定地域内，同一产业部门或不同产业部门或不同行业中具有竞争力的企业，与相关企业以产品为纽带按照一定的逻辑关系和时空关系，连接成的具有价值增值功能的链网式企业战略联盟。在一定的区域范围内组织特定的产业实施产业链式发展，可以实现生产要素的最优配置和物流的合理布局及时间的快速反应，提高产业和区域的整体竞争力。卢明华等（2004）认为产业链可以定义为具有某种内在联系的产业集合，这种产业集合是由围绕服务于某种特定需求或进行特定产品生产或提供服务所涉及的一系列互为基础、相互依存的产业所构成。

郑胜利（2005）则认为产业链就是价值链。芮明杰（2006a）对产业链进行了较为系统的研究，将产业链定义为："一种或几种资源通过若干产业层次不断向下游产业转移直至到达消费者的路径，它描述的是厂商内部和厂商之间为生产最终交易的产品或服务所经历的价值增值的活动过程，它涵盖了商品或服务在创造过程中所经历的从原材料到最终消费品的所有阶段。"其实对产业链的分解细化，将进入产业层次、产业关联度的研究，产业链是产业关联程度的某种表达。产业链后向始于自然资源、前向止于消费市场，但起点和终点并非始终固定不变。芮明杰（2006b）在综述产业组织理论、交易费用理论、企业能力理论关于产业链整合的研究成果的基础上，指出了传统理论的不足，分析了产业链整合分化的微观机制，提出基于知识共享的产业链整合理论，并对产业链知识整合与共享关系进行研究。

在新的经济条件下，需要新的产业链整合理论。在此基础上，部分学者进一步将理论和具体的产业链联系起来。例如，刘毅军等（2003）对天然气产业链等概念进行界定，天然气产业链是指把天然气及其副产品的产出、输送或投入作为纽带所形成的上下关联衔接的产业集合，并在此基础上对资源、管网、天然气需求量、结构和融资等因素导致的天然气产业链风险进行了研究。卢名华等（2004）的《全国电子信息产业价值链对我国的启示》就是把产业链具体到电子信息产业中去。张颖心等（2008）以循环经济理念为指导，对毛竹产业进行了产业链设计，产业链以毛竹资源的深加工为主线，构建了从毛竹林培育、鲜笋加工到毛竹全株利用的产业体系，形成了多层次的产品结构，基本实现了物质和能量的闭路循环，所设计的产业链低消耗、低排放、高效率，是一种毛竹产业可持续发展的模式。

第二章
相关理论研究及文献综述

二、产业链延伸研究

在产业部门基于区域比较优势而建立的前提下,产业部门之间都有比较密切而广泛的关联关系,产业链上的企业在追求吸纳更多劳动力就业、提高产业技术含量、提高产业资金量和追求附加价值最大化的经济、社会、政治等诸因素驱动下,势必重新整合产业资源,从而突破原有产业部门与地域范围的限制,进行产业链延伸。产业链是产业各部门间基于一定的技术经济关联,依据特定逻辑关系和时空布局关系形成的链条式关联关系形态,产业链延伸即是这种关联关系的增加和拓展。从方向上看,产业链延伸分为横向延伸和纵向延伸,纵向延伸向上游进入到基础产业环节和技术研发环节,向下游拓展至营销、市场环节;从形式上看,产业链又可分为外延式产业链延伸和内涵式产业链延伸两种,前者通过涉入不同于现有经济生产过程和产品的其他产业实现产业链延伸,后者将原属于区外的生产过程合理地引入或者通过技术创新增加生产过程实现产业链的延伸。无论是哪种分类,传统经济发展模式下的产业链延伸一般被视为区域产业升级和新经济增长点培育的主要途径,其经济驱动效应备受关注。

产业链延伸是由于资源供给或产品需求条件的变化引起的产业在一国内部或国家间的转移活动,是地区产业结构升级的重要途径。同时需要指出的是,产业延伸既有区域(国家)内部也有区域(国家)之间的产业链延伸。Rober E. Lipsey 指出母国企业通过转移国内部分传统产业,使一部分生产要素转移到新兴产业,从而调整产业结构,同时,通过对外直接投资,母国企业会趋向于在国内生产资本密集及技术密集型产品,而目标国生产技术要求低的产品,这样不仅能提高本国产品的竞争力,还能导致产业原有比较优势的转变。例如,20 世纪 90 年代后国家为了获得全球竞争优势,将工业中的生产部分向发展中国家转移,利用东道国的资源优势实现其产业链的后向一体化延伸,同时又合理地占据了当地的市场,建立了良好的销售渠道,实现了产业链的前向一体化延伸。

郑学益(2000)认为产业链就是以市场前景比较好的、科技含量比较高的、产品关联比较强的优势企业和优势产品为链核,通过这些链核以产品技术为联系,资本为纽带上下联结,前后延伸,前后联系形成的链条。严格意义上讲,产业链是指从最初始的原材料生产和销售到中间产品生产与销售,再到最终产品生产及销售全过程中各个环节所形成的一种企业关联体。但在经济运行的现实中,通常是以市场前景好、科技含量高、产品关联性强的优势产品、优势企业为核心,以产品、技术联系为纽带,使优势产品、优势企业上下延伸、前后联系,形成链条。产业链围绕核心企业,通过对信息流、物流、资金流的控制,从采购原材料开始,制成中间产品及最终产品,最后由销售网络把产品送到消费者手中,将供应商、制造商、分销商、零售商、最终用户连成一个整体的功能网链结构模式。可见,一个完整的产业链必须由信息链、物流链和资金链共同组成。

周路明(2001)认为产业链是建立在产业内部分工和供需关系上的一种产业生态图谱,分垂直的和横向的协作链。垂直关系是产业链的主要结构,横向协作关系则是产业配套问题。配套产业实际上是产业链的拓展、延伸,它既包括处于最终产品装配工业和基础材料工业之间的零部件、元器件和中间材料产业,也包括为制造业服务的物流、咨询、贸易等服务。王志宏等(2003)提出并分析了矿区走外延式和内涵式产业链延伸之路的作用与意义,同时也分析了技术创新在这两种产业链延伸中的作用,并以鲁尔矿区和兖州矿业集团为例,实证分析了技术创新和产业链延伸对提升矿区经济可持续发展的巨大作用。龚勤林(2004)研究了产业链接通与延伸,在《区域产业链研究》中对产业链的理解为:"产业链是现实经济活动中若干相关产业部门基于经济活动内在的技术经济关联,客观形成的环环相扣、首尾相接的链条式关联关系形态。"孙先良(2005)针对当前我国石油资源日趋紧缺的现状,提出利用我国煤炭资源优势和化肥工业技术优势,在生产化肥的同时突破行业界限,通过产业链延伸,构建化肥—民用燃料—发电—建材—汽车燃料—精细化工的化肥工业新的产业链,以满足国民经济迅速发展的需求。

钱伯章(2007)介绍了巴西基于甘蔗原料以乙醇生产乙烯和丙烯,并发展生物乙醇、延伸拓展塑料产业链,生产聚乙烯。截至2007年年底,巴西约有400座乙醇工厂,已有超过500万辆汽车采用混合燃料乙醇汽油。巴西乙醇生产不断扩能,将向世界其他地区增加出口。巫景飞等(2007)采用解释性案例研究方法,对计算机产业从大型机时代向PC机时代的演进历程进行了考察,从企业层面对产业模块化的微观动力机制进行探索分析,认为企业间竞争而激发的创新行为是产业模块化的主要驱动力量,产业模块化是一个复杂的共同演化过程,在此过程中,产业标准逐渐形成,产业组织从一体化走向模块化,产品则从单一化走向多样化,客户从小众市场走向大众市场,各种制度安排也会随之出现,"市场厚度"逐步加深。山东潍焦集团有限公司在巩固现有百万吨焦炭及配套煤气净化装置的基础上,沿煤焦油深加工、粗苯深加工、煤气资源综合利用3条线进行新技术开发,研发科技含量高、附加值高的产品,拉长产业链条,提升下游产品档次,形成一个精细化工产业集群,增强了企业竞争力,促进了企业又好又快发展(王读升 等,2010)。

三、产业链优化研究

近30年来,优化已成为过程系统工程的重要研究领域,广泛应用于过程综合、设计、控制、调度和计划等领域(Biegler et al., 2004; Grossmann et al., 2004),并将带来巨大的经济效益。现代化企业产业链优化的主要目的是缩短对市场需求的响应时间,最大限度地优化各种资源,全面降低生产经营成本,并合理有效地占领产品市场,最终目的是使企业获得最大经济效益。

经济全球化导致了产业链的整合,即企业把主要精力放在提升核心竞争力上,其他非核心业务则由产业链上其他企业协作完成,利用企业外部资源快速响应市场需求。只要是产业链上的企业能够直接或间接控制链上其他企业的决策,使之产生期望的协作行为,就视为产生了某种程度的"整合"。产业链整合有助于链上各成员提升主业核心竞争力,改善企业绩效。在变化的环境中,产业链整合成为更新企业能力的战略工具。

企业进行产业链整合的目的就是获得影响价格、获取垄断利润的市场势力。企业可以通过水平合并,提高市场集中度获得市场控制力,也可以通过纵向合并或通过对产业链上的企业施加纵向约束获得市场势力。混合合并因为可以促进暗中的串谋,也可以产生或加强市场势力(Scott, 1993)。迈克尔·迪屈奇(1999)将规模经济有效利用的程度和交易费用的节约结合起来,用来解释产业链整合的多样化形态。产业链中的成员企业间是一种战略合作关系,成员企业通过它们之间的这种合作大大缩短了产品的开发周期,降低了生产成本和交易成本,提高了市场份额、营利能力和抗风险能力(Martinez, et al., 2001)。

芮明杰等(2006)对基于规模经济专业化分工经济、模块化经济、网络效应的价值创造过程和知识共享的内容进行比较，揭示了不同类型产业链价值创造和知识整合的差异，提出了产业链的知识整合、价值模块整合和产品整合的三维度模型，并在野中郁次郎 SECI 模型的基础上，引入动态知识价值链，构造了一个新的知识创新模型，深化了对模块化体系中产业链知识整合机制的认识。此外，他们将产业链理解为一个知识整体，从知识角度研究了产业链分化整合的机制，探讨了产业链整合过程中知识共享的动力机制、模块创新机制、知识创造机制及产业链整合的组织模式。郁义洪（2006）在知识经济形态下的3种纵向产业链类型的基础上，建立了对应于不同产业链类型的静态效率基准和社会福利基准，得出了完全竞争下产业链均衡的最大化社会福利。这种市场绩效评价基准的建立，为产业链的竞争策略和相应的经济规制问题的研究提供了基础，制定动态的产业效率基准是产业链效率基准的研究方向。卜庆军等（2006）从生物共生理论角度，重新定义了产业链，并从产业链的整合基础和目标入手，提出了3种产业链整合模式，即基于股权并购、战略联盟、产业集群型的产业链整合模式。赵绪福（2006）以产业结构优化理论为基础，分析了农业产业链优化的具体内涵，说明产业链优化的内容与途径主要体现在3个方面：产业链的延伸、产业链的提升和产业链的整合。程宏伟（2009）立足于经济组织中观形式的产业链视角，从西部地区区情出发，明确提出"西部的优势在于资源，西部的矛盾也在于资源"，系统分析了西部地区资源产业链的发展现状及主要问题，针对不同类型的体制性障碍总结出了资源流与资金流、知识流、生态流互动的优化路径，为西部地区资源产业的科学发展提供了可借鉴的思路。魏来等（2009）研究了产业链内由于价格不对称传递引起的波及效应，并以上海畜产业链为例进行了实证分析，结果表明：长期的价格不对称传递波及效应是存在的，下游厂商调整它们的价格以适应上游价格的变化；利用非零的门限自回归研究，能够发现微小的价格变化所代表的调整成本及经营方针与策略的意义，可以为国家宏观政策制定和监控提供理论依据。

此外，张琦等（2005）在探讨产业价值链所具备的三重属性基础上（价值链属性、供应链属性和产业链属性），建立起了连通价值链、供应链和产业链的三维角度产业价值链结构模型，并对其进行优化，强调通过优化资源的配置来实现最经济最具效率的产业价值链运行模式，是分析和优化产业价值链的根本目的。该模型通过确定各企业资源的最佳投入，来使各企业的价值达到最大，进而实现整条产业价值链的最优价值，对解决产业价值链管理中的实际问题具有较强的指导作用。吕涛等（2009）通过产业关联分析，确定了煤炭产业链的基本类型，并以 DEA 方法为基础，构造了区域产业链效率评价的一般方法，计算和比较了煤炭产业链在各省区的技术效率、规模效率和整体经济效率，提出了煤炭产业链优化的四大策略：产业链定位策略、产业链延伸策略、产业链转移策略、产业链创新策略。席旭东等（2009）创新性地构建了矿区生态产业链（网）的链接方式，并对矿区生态产业链网的群落性、产业分布的不对称性、逐步发育性等特性进行了系统描述；创建了矿区生态产业链（网）产业规模优化的多目标线性优化模型，提出了矿区应采取的措施，即当主动产业单元剩余规模超过被动产业单元吸收规模时，可扩大被动产业单元规模和将过剩物质进行产业链网外处理；反之，应缩减被动产业单元规模或从产业链网外获取剩余物；当两者规模等同时，矿区生态产业链网就处于协调状态。王大全等（2010）以二氧化碳的绿色化利用技术为例，建议发展二氧化碳的绿色化工产业链，充分利用现有的领先技术，将二氧化碳的减排与石化产品链的绿色化有机结合，提高产品的附加值，降低能源和资源消耗率，从源头上消除或大幅减少三废污染。

第三节 产品链相关文献研究

一、产品链相关概念

经济全球化迅速发展的今天，国际化、动态化市场竞争日益激烈，面对品类繁多、变化迅速且无法预测的买方市场，消费者希望尽快地购买到自己喜欢的"个性化"产品。面对全球市场，不同国家和地区消费者的语言、偏好、环境有所不同，单一产品往往需要有多个型号来满足特定地区消费者的特定要求。如计算机，不同国家需要不同的电源，键盘和说明书也必须适合当地语言。即使在同一地区，由于产品的不同功能，也会有多个产品型号，这些不同型号的产品反映了不同市场的不同需求。而作为商品提供者的企业，要求能对不断变化的市场做出快速反应，不断地开发出符合用户需求的"个性化"产品去占领市场、赢得竞争。定制生产有助于企业进入新的市场，大规模定制生产已成为企业竞争的新策略，并能吸引大量个性化需求不能被标准产品所满足的新顾客。然而，原始的大规模定制生产模式既浪费成本又没有效率。如果定制的产品在时间和成本上超过了顾客期望，顾客也会流失。因此，如果没有相适应的低成本且又高效率的产品链，大规模定制是难以实现的。

产品链是产业链的产品形式，也是技术链、信息链的载体。对于中观层面的产品链方面的研究，国外学者涉足较少，很少有产品链理论方面的直接论述，只是在供应链的相关理论中有所渗透。而国内学者对产品链的论述，大多与我国的产业、行业实际情况相结合。

供应链（Supply Chain）概念于20世纪80年代末最先由咨询公司的管理顾问提出，并在90年代被广泛使用。Stevens（1989）较早地给出了供应链的定义，他认为供应链是一个系统，包括通过前向物流和反向信息流连接在一起的原材料供应商、生产工厂、配送服务和顾客。Lee等（1992）认为供应链是一个企业获取原材料、生产半成品或最终产品，通过销售渠道把产品送到消费者手中的网络。Kopczak（1997）则认为，供应链是通过原材料流、产品流、信息流连接成的包括供应商、物流服务提供商、制造商、分销商、零售商在内的一系列经济实体。森尼尔·乔普瑞、彼得·梅因德尔给出一个比较新的定义"供应链由所有的满足客户需求时相关的直接或者间接的流程组成，包括制造商、供应商，还包括运输服务商、仓库服务商、零售商甚至客户"。众多学者从不同的角度对供应链进行了界定，但主要是视角不同，本质上并无大的差异。一般认为供应链是指从原材料采购，经过生产贮存、仓库管理、分发、运输、履行订单，直到客户服务及市场需求预测和订货的整个过程中所涉及的各实体的作业活动及其相互关系动态变化的网络。美国杜克大学的社会学教授格里芬把波特的价值链概念应用于全球范围的企业之间的合作关系，提出了全球商品链（Global Commodity Chain）的概念，其含义是全球不同的企业在由产品的设计、生产和营销等行为组成的价值链中开展合作。Propris（2000）根据创新型环境和产业区域，提供了大量集中于沿着供应链进行的企业间合作的经验性证据。另外，20世纪90年代末在北欧最先出现了"产品服务系统（Product Service System）"的概念，Baines等（2007）在产品服务系统的概念基础上，对其内涵进行了阐释，并指出这一概念是通过服务化的概念延伸而来的服务产品化，是服务化的特殊情形，从另一个角度解释和延伸了制造业服务化的概念。另一些文献从产业链或价值链的角度研究了制造与服务的互动关系。如Araujo等（2006）

指出企业和用户的关系，与其说是基于产品导向或服务导向，不如说是基于混合了产品和服务要素的复杂组合导向，并指出制造与服务融合使得生产结构出现了重组的趋势。

国内学者张香亭（2002）提出以选煤为龙头，加强相关洁净煤技术设计研究和产业建设，促进煤基绿色产品链经济发展。顾荣良等（2003）研究了如何编制产品链。柳键（2003）研究了高科技产品链的供需关系及其协调决策，利用博弈理论对高科技产品供应链的供需关系及其补货与定价决策做定量研究。胡树华等（2004）提出了一种产品链的认定方法及应用，以统计理论为依据，应用产品关联原理，建立了产品链关联度模型、关联度检验模型、关联力模型及其搜索模型。李振峰（2004）对聚酯产品链价格相关性进行了分析，从技术经济角度就近10年以来聚酯原料和产品价格之间的相互关系、变化情况进行了数据回归分析和说明。曾永昌（2006）研究了公共品生产的体制逻辑、发展误区和改革趋势，以公务员公共品产品链为分析框架的公共品制度思考，必须把公共品存在的短缺和次品问题放在公务员公共品产品链中进行整体思考，并以考公、企改、医改、教改、房改等有关公共品质量的共性问题为切入点，推进低交易成本体制改革。

尚欣等（2009）研究了包装机企业产品链规划的可重构模块方案设计，通过对参数化的通用模块和类模块调用与修改，重构后使新产品只对专用模块进行全过程设计，以实现企业设计知识的积累和重用。马丽卿等（2009）研究了产业转型期的长三角区域海洋旅游特色产品链构建，剖析了长三角地区转型时期的旅游产业，分析该区域旅游产业的新形态，并提出了构建海洋特色旅游产品链的设想。田华（2009）研究了将洛带客家传统文化转化为旅游产品链，从洛带古镇的两个建筑符号"蜜蜂""兔子"出发，阐释了它们的文化内涵，并指出与古镇旅游业结合后可以构筑的产品链。蔡猷花等（2010）研究了集群环境中两条由单一核心企业与单一上游企业构成密切合作的两级供应链系统研发不合作及研发合作的博弈形式下各供应链的选择策略及利润函数，结果表明：增加创新投资，会增加该创新型产品在整个市场上的竞争能力；双寡头进行研发合作时的利润会明显高于非合作时的情况；研发合作博弈情形下，各参与主体在决策时应根据组织短期和长期的战略目标做出不同的决策。

二、产品链延伸研究

化工产品链的生产特点是多产品的共生，如天然气化工，天然气作为生产原料进厂后经过气化、催化或重整等若干加工装置，同时生产出甲醇、尿素、乙炔、三聚氰胺等其他化工产品。一方面，由于采用的生产方案不同，可以生产出数量、质量、规格与品种完全不同的产品；另一方面，为了达到相同的生产目的，生产同样的产品，也可以通过不同的途径，采用不同的加工方案来实现。因此，在满足相同需要的前提下，可能存在多个产品链供选择，而选用何种产品链来实施才能获得最佳的经济环境效益，则需通过技术经济分析和环境评价才能确定。经济评价是产品链经济分析的核心内容，采用合理的经济评价方法与参数对产品链在预期内的投入、产出等经济因素进行分析、研究和效益测算，通过营利能力分析指标反映项目在经济上是否合理、财务上是否可行（祁晓丽等，2002）。产品链的环境评价不仅要确定废弃物的数量，更要对过程的潜在影响能力进行识别和定量，从而明确过程可能对环境产生的影响效应，即对人体健康、生态系统和自然资源的影响。

吕启东（2003）提出以发展平台化学品为切入点延伸石化产品链。秦伟程（2003）研究了氯甲苯合成技术进展与下游产品链建设，着重介绍氯甲苯的合成技术进展及具有开发前景的下游产品链。杜志明等（2004）研究了肉桂酸产品链消化四氯化碳的前景展望，围绕四氯化碳—肉桂酸—L-苯丙氨酸—阿斯巴甜产品链，对四氯化碳的前景进行了技术可行性和经济性的分析和展望。梁诚（2005）针对国内市场硝基氯苯供大于求的激烈竞争局面，指出以规模化硝基氯苯为原料，开发多种下游产品，建设合理的硝基氯苯产品链，是我国硝基氯苯工业发展的主要措施。李琼玖等（2005）分析了甲醇燃料与化工产品链工业的发展策略，论述了通过煤炭气化和煤炼焦副产焦炉气制取合成气，分别配氢和 CO 合成甲醇创新技术，用以生产醇醚燃料与化工产品的新型工业化道路。朱乃昌（2007）研究了利用循环经济理念促进化工产品链延伸，利用循环经济理念，不断使产品链向上下游延伸，实现"资源—产品—再生资源"模式是提高企业经济效益、实现人与自然的和谐关系的必然途径。黄智贤等（2009）研究了考虑环境因素的天然气化工产品链设计，针对当前环境需要和天然气化工企业状况，提出延伸天然气化工产品链，将环境意识纳入设计过程中，提出天然气化工产品链生命周期设计的概念、实施步骤和系统框架,有助于设计人员做出正确的决策,开发出环境友好、经济节约的产品。童洁等(2010)以实物产品和生产性服务的关联为切入点,提出了制造业与生产性服务业融合发展的3种模式——基于共生性的融合模式、基于内生性的融合模式、基于互补性的融合模式,分析了3种融合模式的典型案例,并在此基础上提出了企业需要采取的策略和措施;制造业与生产性服务业的融合将加速制造业的产业升级,带动生产性服务业的发展,从而大大提升制造业和生产性服务业的竞争力。

三、产品链优化研究

化工产品链优化研究的目的就是对拟定的产品链进行环境经济性能的分析、计算、比较和评价,从中选出技术上先进、经济上合理、生态影响小的最佳方案。文献(Beightler, 1979; Pike, 1986; Edger, 1988)对炼油厂和化工厂多套装置生产计划的安排、炼油厂的操作等问题进行了理论上的探讨,提出了基于规划论进行生产结构优化的一些基本思路和方法。李洪波等(2005)研究了垄断产品链中革新合作机制,研究的结果不仅得到了双方的合作均衡及均衡存在的条件,而且得出制造商与供应商将分别以其合作前的单位产品利润占供应链总利润的比例分摊革新所需投资量和分享合作利润增量,并通过相关因素分析得到革新所需的最优投资量与合作效率是开始合作时间的递减函数,是供应链存续时间的递增函数。张秀华等(2008)研究了基于竞争优势的组合旅游产品链,分析了旅游产品的特征和组合旅游产品的构成,从提升旅游业国际竞争优势的视角,研究和构建组合旅游产品链,进而探讨组合旅游产品链对于优化旅游产品结构、增强旅游产业国际竞争优势的意义。

从产品开发到供应链管理,过程系统的各个层面均存在优化问题,且种类繁多。卡内基梅隆大学的 Biegler 教授和 Grossmann 教授对过程系统工程中存在的优化问题和优化方法进行了较为详细的回顾(Biegler et al., 2004)和展望(Grossmann et al., 2004),他们十分重视动态优化和不确定性优化问题,但未提及多目标优化问题的研究进展。随着优化模型复杂度的提高,一个优化问题可能包含非线性、动态、组合、多目标和不确定性等多种特性,如混合整数动态优化问题(Chachuat et al., 2006; Flores-Tlacuahuac et al., 2007)、多目标动态优化问题(Mitra et al., 1998; Yee et al., 2003; 贺益君等，2007)、不确定性动态优化问题（Bhatia et al., 1997；Srinivasan et al., 2003）等。因此，针对具有不同特性的优化问题，融入相应的处理策略，开发高效、新颖的优化方法，用以应对各类复杂的优化问题，具有重要的学术意义和很高的应用价值。化工行业是我国的支柱行业之一，因此，对于化工企业优化技术的研究也在不断进行中。化工企业的优化包括过程优化、管理运营优化和产品链优化，研究在过程优化、管理运营优化方面的相关研究较多，而有关产品链优化的研究相对较少。

对于石化企业的管理运营优化工作主要集中在生产管理优化和企业资源计划，而生产管理优化的大量研究工作在于生产计划优化和生产调度优化。文献（张建芬，2004；赵德强，2006；李初福，2005；邓正龙，1992；韦鹤平，1987）均应用了线性规划研究了生产计划的优化。文献（罗焕佐，2003；李浩，2000；姚建初，1996；钱晓龙，2001；Crama，2001；Artiba，1998）研究了石化企业的调度优化技术和优化模型，其中文献（罗焕佐，2003）提出并解决了基于综合物流和解耦策略的优化排产技术及基于主动式数据挖掘的渐进调合等关键技术问题，采用 Multi-Agent 技术实现了原型系统的开发，为流程企业生产的优化提供了新的方法与技术。文献（Shen，2001）提出了一系列基于石油化工和化工企业运营计划优化模型的生产经营决策优化技术，并在实际应用中取得十分明显的效果。

第四节 纵向一体化相关文献研究

一、纵向一体化概念

纵向一体化是具有投入、产出关系的相邻几个阶段或企业合为一体的过程，任何一件产品或服务的制造都包括若干阶段：原始投入（原材料）制备、原始投入加工成中间产品、中间产品加工成最终产品、最终产品的批发和零售等。当一个企业同时完成两个或两个以上阶段时，便形成纵向一体化。

对于非纵向一体化的企业，企业所需的各种投入都必须从市场购买，价格也由市场决定。而对于纵向一体化企业，物资在企业内部的流动往往通过内部行政命令从一个阶段调拨到另一个阶段，价格也往往执行内部调拨价格。内部调拨价格可能基于制造成本，也可能基于市场价格或其他因素。因此，从某种意义上讲，纵向一体化是行政命令对市场机制的取代。

纵向一体化是指在技术上可分离的两个或多个生产阶段集中于一个企业中或者被置于统一所有权（Unified Ownership）之下的一种合并模式，它包括后向（上游）一体化和前向（下游）一体化，前者又称"购买还是自制"（to buy or to make）决策，后者又称为"出售还是自用"（to sell or to use）决策。传统战略理论认为，纵向一体化可能在以下5个方面体现出优势：①较低的采购和销售成本；②供应或分销的保证；③更好的生产和库存控制；④更强的研发能力和调整产品的能力；⑤提高进入壁垒。

对于纵向一体化的概念学者从不同的角度进行了阐述。

Coase（1937）指出纵向一体化是经由厂商完成投入产出活动，以取代在公开市场的购买投入及销售产出行为。作为新制度经济学的代表人物，将分析的重点落在企业和市场的关系上，将纵向一体化看作是市场交易向企业内部交易转变的过程，当兼并是在相互买卖投入和产出的两个厂商之间进行时，这种兼并就是纵向一体化。

Porter（1980）认为纵向一体化是把技术上截然不同的生产、配销、销售与其他经济性的活动，在一个厂商管辖内加以组合，此表示厂商决定利用内部作业或行政的作业，而不是利用市场交易的方式以达成其经济目标。

Waterson（1984）提出纵向一体化是上游（原材料）、中游（零组件）至下游（最终产品）的其中一段，由厂商内部加以统筹管理，整合的过程是两个或两个以上的连续生产阶段所构成的联合管理过程。

Avenel等（2000）定义纵向一体化为一厂商参与超过一个的连续生产阶段，或是产品与服务的分配阶段，即可称为纵向一体化或部分纵向一体化。

Grant（2002）认为纵向一体化指一个企业在垂直相关活动中的所有权。企业进行纵向一体化的目的是获得剩余控制权，认为如果上游企业控制了其纵向结构中所做出的全部决策，就说它是纵向一体化的。

由以上定义可知，国外学者认为纵向一体化就是将相继的生产或销售阶段置于同一企业所有权的控制之下，主要是通过兼并和收购等方式来实现，将市场购买问题转移到企业内部。这种做法是为了降低成本，实现利益最大化。纵向一体化牵涉企业内部生产运营活动的决策，决定企业生产链上的各个环节在企业内部进行生产或是借由市场竞争机制来完成该项生产活动。此类决策往往涉及企业的大量投资及企业生产经营范围的疆界，进而决策成效将影响企业的经营表现，即绩效，故企业纵向一体化行为为重大的战略决策。

二、纵向一体化效应分析

哈佛大学的巴泽尔教授在他的《战略与绩效——PIMS原则》一书中，基于对PIMS（Profit Impact of Market Strategies）数据库的实证分析认为，对于市场份额较小的企业，纵向一体化程度与投资收益率成负相关关系；对于市场份额处于平均或高于平均水平时，纵向一体化与投资收益率的关系呈现出一条U型曲线，即纵向度很低或很高时，企业绩效会较高，而纵向度中等时，绩效则较差。纵向一体化的作用与投资密度相关，投资密度低的业务，纵向一体化会带来较高的投资收益率，而投资密度高的业务，纵向一体化会使企业的投资收益率下降。纵向一体化对投资收益的影响取决于企业所处的形势，而不是实施所需的成本（巴泽尔，2000）。

美国Mercer公司的亚德里安等在《发现利润区》一书中总结出企业营利的22种模式，每一种模式代表着一种战略，其中之一是"价值链定位模式"。主要思想是：在许多产业，利润集中在价值链的某些环节，而其他环节利润极少，如在计算机业，利润集中在微处理器和软件领域；在化工业，利润集中在生产领域而不是销售领域；在天然气业，利润集中于开采和分销环节；在汽车业，利润集中在金融服务、贷款担保等下游业务，而不是总装或销售；等等。按照这一模式，把业务集中在某些环节可以获得更高的回报（亚德里安，2003），纵向一体化的价值会视业务所处价值链的位置而有所不同。

此后，对于纵向一体化与绩效的关系研究大多是选择一个特定产业来做实证分析。Peyrefitte等（2004）对美国计算机硬件产业的纵向一体化战略与绩效的关系进行检验，他们从公司核心能力理论出发，假设纵向一体化战略价值的决定因子是一体化是否跨越产业链生产阶段，即在某产业链环节内部的纵向一体化战略与绩效正相关，而跨越产业链阶段的纵向一体化战略则与绩效负相关。利用美国50家计算机硬件制造商的实证数据得到的结果却与假设相去甚远：产业链环节内部的纵向一体化战略与绩效负相关，而跨越产业链阶段的纵向一体化战略则与绩效不相关。他们对此的解释是产业链环节内部的纵向一体化战略的好处可能被经营更大价值增值阶段的成本所抵消。

企业纵向一体化发生在处于生产经营不同阶段的企业之间。虽然一部分研究认为纯粹的一体化并不影响企业垄断地位，因为上下游企业的一体化（如各自控制10%的市场）并不改变生产占有份额，此时其他企业仍拥有90%的市场份额，但越来越多的研究认为，纵向一体化能改变上下游市场的竞争特性，导致上游或下游市场的失灵，并且有抵抗竞争的效应。

更有效的上游企业兼并下游企业，纵向一体化效应将达到限制下游市场产出而形成事后垄断；如果上游产能过剩，纵向一体化将导致上游过剩产能退出市场，如果是下游产能过剩，纵向一体化将导致下游过剩产能退出市场，上下游一体化的效应将是事前垄断市场，在延伸产品链的同时淘汰过剩产能。过剩产能为避免退出可以采用先一体化策略而获得先占优势，但在实际中，具有低投资成本的企业可以在先占策略中获胜，而遭淘汰的一般是落后过剩产能。

实现资源的优化配置。从经济学的角度说，资源是指企业拥有的人力、物力、财力等物质要素的总称。资源是企业经营的对象，是企业赖以生存和发展的必备条件，由于资源数量的有限性、资源占有的排他性、资源经营的长期性和资源的不可再生性等原因，致使资源紧张和短缺问题已成为全球性问题，在我国显得尤为突出。通过实施纵向一体化策略，充分利用相关企业拥有的资源，通过资源共享提高资源的产出效率而实现企业间的资源优化配置。

降低交易成本，提高资源利用效率。交易费用理论最早由科斯提出，之后威廉姆森、罗蒙等经济学家又不断对其理论进行充实和完善而形成完整的科学体系。该理论认为，人的机会主义、有限理性、资产的专有性和信息不对称等方面因素，是交易费用产生的根本原因。组织企业内部的经济活动也需要费用，即组织费用，企业通过纵向一体化的实施，将原有的市场交易"内部化"，企业内部经济活动协调将不稳定的市场关系变为相对稳定并且可以自己控制的内部分配关系，将不确定性变为确定性，从而降低因为市场交易的不确定性而形成的交易费用，企业实施一体化的边界条件是降低的交易费用等于增加的组织费用。科斯从使用市场是需要成本的研究结论出发，说明了询价、谈判、联系等市场交易费用可以通过将交易内部化于企业之中从而使成本降低。但并没有学者准确地验证纵向一体化对企业交易成本节约的程度。此外，随着企业业务范围的扩大，低附加值、低盈利的非核心业务也由企业来操作会分散利润，产生冗余人员，带来巨大的管理压力。

保持和扩展企业核心竞争力，这种效应是通过价格歧视、提高进入壁垒、提高产品差异化等方法来实现的。因价格歧视，消费者对最终产品比对中间产品的需求弹性要大，中间产品的生产者若同时生产最终产品会更有效地利用该手段。对进入壁垒，生产者通过垄断产品的关键资源阻止其他企业进入该产业，不过这种壁垒作用取决于投入要素在市场上的可替代程度。产品差异化方面，纵向一体化可以更好地控制分销渠道，提供优质服务，或者生产专用零部件。汽车工业是典型的规模经济产业，纵向一体化最主要的方面是整车制造企业同时生产各种汽车零部件。企业的核心竞争力是具有独特性的、充分体现用户价值的、具备延展性的能力，其关键在于将有限的人力、物力、财力配置于自己最擅长的行业。纵向一体化战略可以在保持企业核心竞争力的基础上，沿着相互联系的产业流程发展企业的核心能力。

纵向一体化能够稳定企业交易关系。这一结论是基于交易费用理论的机会主义假设提出的。实施纵向一体化以后，即使双方的契约并不完备，那么上下游之间成为内部交易，产生机会主义的动机就会较小。这样，企业内部上下游各阶段能够开发更有效率的、专门化的交易手段和方法，因为在市场交易中双方都面临不确定性和被对方放弃的风险，一般市场交易是做不到这些的。也就是说，纵向一体化会为企业带来技术或管理创新的动力。

三、纵向一体化动机分析

产业组织学派认为，纵向一体化是企业的市场行为之一，由特定的市场结构所决定，又反过来影响市场结构，并影响市场绩效。产业组织学派对于纵向一体化动因的解释主要有垄断动机说、技术经济说、产业生命周期说、技术创新说和规避不确定说。

垄断动机说从垄断的角度来分析企业纵向一体化行为，认为纵向一体化有助于增强企业的垄断势力，从而增加垄断利润。主要表现在：第一，双边垄断。如果生产商和销售商都是垄断厂商时，每一家都会增加一次垄断加成，消费者将面临两次加成，形成所谓的"双边垄断"。通过构建简单的模型可以证明，双边垄断将产生高价格、低产出的结果，不仅是消费者，厂商也因双边垄断而遭受损失。与各自垄断的情形比较，如果生产商和销售商实现纵向一体化,那么厂商的利润总和会增加,消费者福利也会提高。因此,无论是消费者,还是厂商都有动力去实现纵向一体化。第二,排挤行为与进入壁垒。如 Kenneth Clarkson(1989)等所述,在一些情况下,一个强有力的纵向一体化企业能把未纵向一体化的企业排挤出去。假设一个纵向一体化企业在一种最终产品的生产过程中的前序阶段具有垄断能力,这个企业便可以提高前序阶段产品的价格,使未纵向一体化企业购买投入时支付高价格,还可利用其垄断地位压低最终产品的价格,未纵向一体化企业就不得不高价购进,低价出售,从而被赶出市场。第三,价格歧视。价格歧视是由"芝加哥学派"提出来的对纵向一体化行为的主要解释。通过纵向一体化,垄断者可以实行价格歧视,赚取更多的消费者剩余,而在未纵向一体化情况下这种可能性要小得多。这是因为,中间厂商如果只生产中间产品(即未实行纵向一体化),那么尽管消费者有不同的价格需求弹性,由于消费者之间会发生转卖行为,中间厂商难以收取不同价格。如果中间产品制造者同时生产最终产品,就能防止支付低价的厂商向支付高价的厂商转卖产品,从而实行价格歧视。

技术经济说认为,生产过程的技术依存性是形成纵向一体化的主要原因。许多生产阶段在技术上紧密相连,如石油加工过程的连续作业或冶金过程的加热、轧钢等工序,通过纵向一体化可以把相继生产环节联系起来,以便从技术上节约成本,使生产更有效率,这种技术上的经济性会促使企业的纵向一体化。如在造纸业,制浆和新闻纸生产通过纵向一体化联合生产,可以避免原料的烘干和再加水费用。此外,技术上存在一定依存度的企业还会在纵向一体化过程中产生范围经济。技术知识、管理知识和经营信息的价值不容低估,这些知识和信息在市场出售效率太低,企业通过纵向一体化可以充分利用它们带来的范围经济。

产业生命周期说由 George Joseph Stigler(1989)提出,他认为一个产业的纵向一体化程度随着产业生命周期改变而改变。在新兴市场中,由于市场规模有限、信息缺乏,厂商需要的新种类或新品质的原材料只能自己制造,它们必须自己解决其产品使用中的技术问题而不能等待潜在使用者来解决;它们必须自己劝诱顾客放弃其他品,而不可能找到专业化的商业机构来承担这一任务;它们必须自行设计、制造专业化的设备;自己培训技术工人。此时,市场中存在大量的纵向一体化现象。当产业发展,市场规模扩大并且前途看好时,许多上述工作的数量便会多到足以移交给专业化厂商去完成。最后，当该产业开始衰落时，那些起辅助、补充作用的分支产业也会衰落，该产业中残存厂商不得不重操旧业，承担起那些不再足以维持独立厂商的功能。斯蒂格勒同时还以美国的棉纺机械业为例展示了这一变化过程。

规避不确定性说认为，实行纵向一体化可以获得较确定的投入要素供给，或较确定的产品市场，从而避免原材料和产品市场不确定性带来的损失。肯尼斯·阿罗（Kenneth J. Arrow，1989）强调了上游产品供给的不确定性和下游企业未来需求信息的不确定性对纵向一体化的激励，提出了当前一生产阶段的企业和后一生产阶段的企业获得的信息不同时，纵向一体化可以改进两个生产阶段的资源配置。在阿罗的分析中，下游企业不能获得充分的有关原材料的信息，这限制了它们做出有效的关于生产中投入要素比例的决策。他认为上游的原材料生产企业将比下游产业中的企业获得更多信息，下游企业显然更愿意实行后向一体化，合并上游企业，以便更好地预测原材料价格。卡尔顿（1998）指出，不确定性不仅发生在技术相互依存的生产部门，只要竞争性市场存在价格刚性就可能导致纵向一体化产业链暂时停顿，后续的厂商会向前一体化以保证自己投入要素的供给不受不确定性的影响，而纵向一体化的程度则取决于后续厂商要求要素的获得概率。

新制度经济学派从企业对市场的替代和降低交易费用角度解释了纵向一体化的动因。现代企业理论对纵向一体化研究的核心是交易费用理论，始于罗纳德·科斯（Ronald Coase，1937）发表的《企业的性质》。他认为，在现实经济中资源的流动不完全是新古典经济学家认为的由价格机制决定，并且价格机制的作用，即市场的运行是有成本的。企业是市场机制的替代物，市场和企业是资源配置的两种可以互相替代的手段。企业出现的原因在于，运用企业内部的行政管理手段较之运用非人格化的价格机制进行交易其费用更低；市场交易费用和企业内部行政组织费用间的平衡关系决定了企业和市场的边界。企业通过纵向购并可以将原先的市场买卖关系转变为企业内部的行政调拨关系，从而降低交易费用。如果降低的市场交易费用大于增加的行政组织费用，那么购并在经济上就是可行的。科斯首次把对产业组织理论的研究由垄断角度转移到效率角度。

作为将科斯交易费用概念推向"可操作层面"的经济学家，威廉姆森（Williamson，1971）从"资产的专用性"和"纵向一体化"角度对交易费用的决定做出了解释。他对纵向一体化的研究始于1971年的论文《生产的纵向一体化：市场失灵的考察》。一项交易可以在市场中进行，也可以在企

第二章
相关理论研究及文献综述

业中进行，但是任何一种治理结构发生作用时都有一定的治理成本，治理成本的大小取决于交易的3个要素特征：资产专用性、不确定性及交易重复的频率。如果是通用资产，无论交易频率的大小，相匹配的肯定是市场规制结构，这时发生的是古典契约关系；如果交易频率较低，只发生数次，资产是混合性的或者是专用性的，相匹配的应该是交易双方再加上第三方参与的三方规制结构，这时发生的是新古典契约关系；如果交易频率较高，交易经常重复发生，且资产是非通用性的，这时发生的是关系型缔约活动。简单来说，企业的出现是由于不确定性大、交易频率高和资产专用程度高的结果。他指出，企业是用以节约交易费用的一种交易模式，"资产的专用性"是交易费用的主要因素，并以此来讨论一个企业是应该"买进"还是"制造"出一种特殊的投入，即纵向一体化行为。如果交易中包含一种关系的专用性资产，则事先的竞争会被事后的垄断所取代，从而导致将专用性资产的准租金占为己有的"机会主义"行为。这种机会主义行为使得合约双方相关的专用性投资不能达到最优，并且使合约的谈判和执行变得更为重要，用市场去处理纵向关系的交易费用就会上升。因此，纵向一体化可用替代现货市场以节约交易费用。在面临较高的资产专用性和机会主义行为发生的可能性的情况下，需要某种中间产品投入的企业倾向于将外购变为企业内部生产，即对生产上游产品的企业实施购并。威廉姆森的理论重点强调了资产专用性对治理机制选择的显著影响，认为企业既不是单纯追求治理成本最小化，也不是生产成本最小化，而是要根据资产专用性的程度确定相应的治理结构。假定存在某个资产专用性的程度使得内部治理和市场治理是无差异的，当专用性程度超过该临界点，就会诱致用内部治理取代市场治理。

克莱因、克劳福德和艾尔奇安（Klein、Craw Ford和Alchian，1978）也相继认为，纵向并购是避免机会主义者占有专用性资产准租的好办法。"可占用性专用准租越低，交易者依赖契约关系而不是共同所有的可能性越大。反之，由共同或联合所有的一体化的可能性越大，资产所包含的可占用性专用准租就越高。"同时，由于存在着的机会主义行为可能会阻碍契约的实现，从而迫使一方当事人进行纵向并购或进行一体化发展。

格罗斯曼和哈特（Grossman和Hart，1986）又进一步补充和发展了上述理论，指出对交易费用起决定作用的是合约的不完备性。完备的合约可以消除机会主义行为，但现实经济中充满了不确定性，并且明晰所有权益的成本过高，所以合约是不可能完备的。企业出现的原因在于，当合约不完备时，纵向并购或一体化能够消除或减少由于资产专用性所造成的机会主义行为，企业实际上是连续生产过程之间不完备的合约所导致的纵向一体化实体。

上述两种理论学派研究纵向一体化的角度和出发点有所不同，既相互区别，又互补支撑。

产业组织学派严格遵循新古典经济学的理论框架假设，站在企业外部，观察市场结构和市场绩效，关注垄断、竞争等问题对于纵向一体化决策的影响，认为企业在考虑自制还是外购的决策时主要基于生产成本和经济效率。在同一产业中，由于企业具有不同的生产技术、生产要素禀赋和竞争环境，从而导致生产成本不同，企业的纵向一体化程度也会有所不同，它将企业看成预先给定的生产单位，关心企业一体化行为对市场结构、市场绩效的影响，但是忽略了企业与市场间的关系。

制度经济学派的交易费用理论以企业自身为研究对象，着眼于市场机制的缺陷，着重阐述了人们为什么会以企业代替市场来配置资源：由于人的有限理性和机会主义倾向的存在，使得维持市场中交易主体之间契约关系的成本可能高于厂商内部的组织成本，厂商对交易双方的契约越难控制，则越倾向纵向一体化。制度经济学派还阐述了企业的界限，对于产业组织理论和企业战略理论都有重要的借鉴意义。但是，交易费用并非决定企业纵向一体化水平的唯一因素，交易费用理论忽视了企业产品的需求和价格等因素的作用，忽略了不同企业产品生产成本的差异，而这一点缺陷正好可以由产业组织学派的理论弥补。

因此，在分析纵向一体化的动因时，可以结合这两方面的理论，从企业效率和交易费用两个方面解释纵向一体化的决定因素。一方面，生产技术决定了规模经济和范围经济，进而决定企业生产成本的差异；另一方面，资产专用性决定了可占用性准租的高低，进而决定交易成本的差异，二者共同决定了企业的纵向一体化水平。

国内研究者对纵向一体化问题在理论上做出的较大推进是聂辉华等（2008）在《资产专用性、敲竹杠和纵向一体化》中对经典的费雪—通用汽车案例的全面考察。将在一体化理论发展史上具有重大分歧的重要案例事实进行归纳，厘清了该案例的真实和错误成分，并通过一个博弈模型说明了资产专用性、敲竹杠及纵向一体化的关系——资产专用性不一定导致敲竹杠，但是敲竹杠一定带来纵向一体化。这也能够解释现实中并非所有涉及专业技

第二章
相关理论研究及文献综述

术或生产的产业或企业都一定是一体化程度较高，但一体化程度高的企业一般从事专业性较强的生产。但是这一结论却与产权理论相异，产权理论认为组织边界的改变无法消除敲竹杠，因此该文认为在这种情形下是否产生纵向一体化取决于当事人的激励效果。这一研究的缺陷是没有将敲竹杠、纵向一体化和产权安排纳入到同一个框架内进行分析。聂子龙（2003）提出是否实施一体化并不是一个非此即彼的问题，在企业和市场之间还存在一些"中间状态"，该种中间状态在一定程度上适用于目前我国汽车工业所处的阶段——合资联盟、企业集团等模式都是这种状态的体现。

现有文献对供需不确定性如何为纵向一体化创造动机，以及该条件下纵向一体化如何影响纵向产业组织关系（如影响上游过剩产能）的研究不多。由 Hart 等（1990）创建的 Hart-Tirole 模型，分析了供应稀缺和需求不足（即市场不确定性）条件下纵向一体化如何改变上下游市场的竞争特性及纵向一体化排斥效应的产生条件等。他们认为，需求不足或供应稀缺可能导致上下游企业合并以确保产品市场份额或投入品供应，结果是合并掠取了独立上游或下游企业的利润份额，过度掠取可能导致其退出市场，其博弈过程包括事前和事后两个阶段：事前阶段是指在不确定性被解决前实施的纵向一体化和专有产业投资决策（这里的不确定性是指企业事前不知道哪种中间产品适合用于事后交易、不知道相关产品中哪一个边际成本结构会胜出），事后阶段是指不确定性得到解决，可能出现讨价还价和再谈判的阶段。Emons（1996）分析了需求波动下（高需求或低需求以概率表示）纵向一体化的确保供应动机，尽管投入品市场存在价格弹性和产品竞争性，下游公司仍有通过后向一体化削减投入品需求以压低其市场价格的动机。纵向一体化在确保自身供应的同时经常产生市场圈定效应，Rey 等（2003）将圈定效应定义为纵向一体化企业因控制某种关键中间产品而给下游独立企业带来的排斥性影响，纵向并购者可能减少中间产品供给，使独立下游企业因生产成本上升而降低产量和提升价格，最后使自己获得更高的最终产品市场份额和价格。尽管 Hart-Tirole 模型的假设、结论并不十分符合我国钢铁、石化行业现状，但它为不确定性条件下产能过剩的纵向一体化问题进一步研究提供了新的视角：本书将通过该模型的扩展和延伸来为振兴我国钢铁、石化产业提供新的思路——通过专有特定投资、上下游企业纵向一体化，可以节约投资成本、减少寻租行为，提高投资效率，消除上下游企业利益冲突，实现利润共享，并可淘汰落后的过剩产能。

四、纵向一体化与范围经济

为了描述多产品生产企业的经济性，潘热（Panzer）、威利格（willig）和鲍莫尔（Baumol）等提出范围经济（Eeonomics of Seope）这一概念。他们指出，当两个或多个产品生产线联合在一个企业中生产比把它们独立分散在只生产一种产品的不同企业中更节约时，就存在范围经济。范围经济揭示了企业从事多产品生产的成本节约现象。一般来讲，范围经济主要来源于共用要素的充分利用，一旦这种共用要素为生产一种产品而投入，无须增加太多的费用甚至无须代价就可以部分地或全部用于生产其他产品，这时就存在范围经济。"公用物品"（Public Goods）是典型提供范围经济的资源。一个国家的能源、交通、通信等基础设施就是公用物品，它们为众多产业提供的服务是国民经济发展的重要源泉。其他研究者从市场限制和缺陷的角度来研究多产品生产的问题。克拉克（Clark）和克里门斯（Clemens）认为富余生产能力的充分利用导致企业进行多产品生产。如果没有市场容量的限制，企业会利用更专门的高效设施以发挥规模经济的优势，市场限制迫使它走向多产品生产之路。不过，富余生产能力通过多产品生产而有效利用的必要条件是投入要素和设施必须具有共用的性质。

纵向一体化就是把上游企业的产出作为下游企业的投入这样一系列纵向生产过程集中在一企业里。在纵向生产过程中，各阶段生产的产品，虽然互为投入与产出，但若是由不同企业制造并在市场上出售，理所当然被视为不同的产品。同理，即使纵向一体化企业只生产一种产品，仍然把各个阶段的产品（中间品）看作不同。因此，纵向一体化企业实质上是多产品生产企业，只不过这些多产品在企业内部交易（通过内部组织机构进行协调），只有最后一阶段的最终产品才到市场交易。这样，就可以用范围经济的概念来讨论纵向关系。

在许多产业中，企业即使只生产和经营纵向生产过程某一阶段的产品，但它掌握的技术、经营知识和信息并不只限于本阶段，为了使生产和经营正常进行，它必须了解或掌握上、下游阶段技术特点、经营特点和信息，否则，就无法与上、下游生产协调。另外，由于纵向生产过程各阶段在技术和产品上存在相似性或关联性，所以它对其他阶段技术特点、管理知识和经营方法相当熟悉。

科斯等用交易费用理论解释企业纵向联合的经济性，但这种解释的成立是有条件的，是以范围经济为前提的（聂子龙 等，2003）。如果没有关于上、下游生产过程的技术知识和管理知识及其提供的范围经济，即使交易费用很高，联合也不可能成功。首先，企业若通过建立新工厂实现一体化，没有相应的技术与管理知识，新工厂难以有效地运营；其次，若企业通过兼并实现一体化，相应的知识与信息也是兼并谈判的条件，否则，未来不确定性太高，谈判中处于不利地位，联合就难以成功。此外，没有范围经济，兼并后一体化企业非专业化的劣势就得不到克服，因而也是不经济的。实际上，企业不可能不熟悉上、下游阶段的技术和经营，所以，当交易费用较高时，纵向联合并不困难，联合后既可以节约交易费用又可以充分利用这些知识，企业就会采用一体化行为。化工企业产品种类繁多，范围经济明显，上、下游联系更加紧密，更倾向于纵向一体化，所以本书试图通过建立模型来重点探讨化工产品链的纵向兼并问题。

第五节　优化理论相关文献研究

人们关于优化问题的研究工作，随着历史的发展不断深入。首先是优化的分类问题，依据目标函数和过程模型中是否有非线性项，可分为线性和非线性优化问题；依据过程模型中相关变量是否随时间变化，可分为稳态和动态优化问题；依据决策变量中是否有离散变量，可分为连续和离散优化问题；依据目标函数的个数，可分为单目标和多目标优化问题；依据目标函数和过程模型中是否有不确定参数，可分为确定性和不确定性优化问题。其次是优化问题的求解方法，随着电子计算机的发明与广泛应用，推动了最优化理论与方法在经济计划、工程设计、生产管理、交通运输等方面得到了广泛应用，使最优化成为一门十分活跃的学科（袁亚湘，2001；邢文训，1999）。求解线性规划、非线性规划及随机规划、非光滑规划、多目标规划、几何规划、整数规划等各种最优化问题理论的研究发展迅速，新方法不断出现，实际应用日益广泛。特别是近20年来，人工智能和人工生命技术为优化领域注入了新的活力。一系列基于仿生思想、通过模拟自然现象或过程的现代启发式优化方法相继提出，如模拟退火（Kirkpatriek，1983，1984）、禁忌搜索（Glover，1989a，1989b，1990a，1990b）、遗传算法

(Holland, 1991; Goldberg, 1989; Rudolph, 1994)、进化规划（Fogel, 1993）、进化策略（Fogel, 1994）、免疫系统（Dasgupta, 1997, 1999）等，在经典优化方法不能或者难以求解的复杂问题上取得了令人瞩目的成就。

化工过程优化应综合考虑经济效益、社会效益、环境效益等多个目标要求，需要同时考虑设备结构参数和工艺操作参数，一般用整型变量表示设备的取舍，用连续变量表示操作参数，这就构成一个流程的超结构，在数学形式上表现为一个多目标混合整数非线性规划（MINLP）问题。下面对其涉及的相关理论做一简要阐述。

一、线性规划与非线性规划

在最优化理论中，线性规划是最基本最重要的分支，它在理论上最成熟、方法上最完善、应用上最广泛，其他分支都是线性规划的发展和推广。

线性最优化，又称线性规划，是运筹学中应用最广泛的一个分支。这是因为自然科学和社会科学中许多问题都可以近似地化成线性规划问题。线性规划（Linear Programming）讨论的是一个线性目标函数在一组线性约束条件下的最优化问题（《现代应用数学手册》编委会，1998；哈维·瓦格纳，1992）。

线性规划理论和算法的研究及发展共经历了3个高潮，每个高潮都引起了社会的极大关注。线性规划研究的第一个高潮是著名的单纯形法的研究，这一方法是Dantzig在1947年提出的，它以成熟的算法理论和完善的算法及软件统治线性规划达30多年（俞玉森，1985）。随着20世纪60年代发展起来的计算复杂性理论的研究，单纯形法在70年代末受到了挑战。1979年苏联数学家Khachiyan提出了第一个理论上优于单纯形法的所谓多项式时间算法——椭球法，曾成为轰动一时的新闻，并掀起了研究线性规划的第二个高潮。但遗憾的是广泛的数值试验表明，椭球算法的计算比单纯形方法差。1984年Karmarkar提出了求解线性规划的另一个多项式时间算法"投影尺度法"，这个算法从理论和数值上都优于椭球法，因而引起学术界的极大关注，并由此掀起了研究线性规划的第三个高潮。从那以后，许多学者致力于改进和完善这一算法，得到了许多改进算法。这些算法运用不同的思想方法均获得通过可行区域内部的迭代点列，因此统称为解线性规划问题的内点算法。目前内点算法正以不可抗拒的趋势超越和替代单纯形法。现在求解线性规划的内点算法已经发展成了三大类（马仲番，1994）：势函数投影变换方法（即 Karmarka 算法）、仿射尺度变换方法及跟踪中心路径方法。

还有另外一些优化问题，其目标函数和（或）约束条件不能用线性函数表达，我们把目标函数或约束条件中包含有非线性函数的规划问题称为非线性规划（Nonlinear Programming）。

非线性规划的一个重要理论是 1951 年 Kuhn-Tucker 最优条件（简称 KT 条件）的建立（Avriel，1976；McCormick，1983）。20 世纪 50 年代主要是对梯度法和牛顿法的研究。以 Davidon（1959）、Fletcher 等（1963）提出的 DFP 方法为起点，60 年代是研究拟牛顿方法活跃时期，同时对共轭梯度法也有较好的研究。1970 年由 Broyden 等从不同角度共同提出的 BFGS 方法是目前为止最有效的拟牛顿方法。Broyden 等的工作使得拟牛顿方法的理论变得很完善。70 年代是非线性规划飞速发展时期，约束变尺度（SQP）方法（Han 和 Powell 为代表）和 Lagrange 乘子法（代表人物是 Powell 和 Hestenes）是这一时期的主要研究成果。计算机的飞速发展使非线性规划的研究如虎添翼，80 年代开始研究信赖域法、稀疏拟牛顿法、大规模问题的方法和并行计算，90 年代研究解非线性规划问题的内点法和有限储存法。

浙江大学的褚健等对仪征化纤 PTA 装置先进控制与在线优化、利用 Aspen Plus 10.5 对多个石化企业精馏塔装置进行建模与优化进行研究，以石化工业过程实际装置为背景，探讨了石化工业过程建模与优化中若干典型的理论与工程实际问题及其解决策略（Hu，2005；Su，2005）。

二、整数规划与混合整数规划

自从线性规划作为应用数学的一个工具以后，出现的一个突出的计算问题是，要求一个线性规划的解全是整数或者部分是整数。前者称为整数规划问题，后者称为混合整数规划问题，Garfinkel（1972）叙述了很多这种问题。在组合分析与计划、生产领域中大量问题的数学模型都是具有整数条件的规划问题，需要求解这些问题的计算方法。

求解整数规划问题的方法可以归纳为两种主要类型：割平面法与枚举法。

割平面法是 R. E. Gomory 提出来的，所以又称为 Gomory 割平面法。它自 1958 年被提出来以后，即引起人们的广泛注意。但完全用它解题的仍是少数，原因就是经常遇到收敛很慢的情形，需要与其他方法（如分支定界法）配合使用，才更有效。

枚举法可用于解整数规划，又可用于解混合整数规划，它还包含分支定界的树搜索方法（Land，1960）及隐枚举法或加性算法（Balas，1965）。

由于整数规划问题固有的复杂性与难解性，目前实用可行的算法大都仅适用于求解线性整数规划问题。求解非线性整数规划问题的方法大致有以下几种：广义割平面法（Westerlund，1995）、一般分解算法、外部近似法和分支定界法（Gupta，1985；Nabar，1991；Borchers，1994；Stubbs，1999；Leyffer，2001）。这些求解方法都在某种程度上依赖于对NLIP的松弛问题或者线性化后所生成的特殊子问题的求解。

浙江大学的陈德钊等研究了化工蚁群智能优化系统和化工系统优化途径——由智能体调度的优生演进算法，对梯度算法、动态规划、遗传算法、蚁群算法等优化算法进行改进，成功地应用于化工过程动态优化中（张兵，2004a，2004b，2004c，2005a，2005b，2006；程志刚，2005a，2005b）。

三、单目标规划与多目标规划

依据目标函数的个数可分为单目标和多目标优化问题。化工过程的设计、综合和操作等均涉及多目标优化问题，如过程设计时的经济效益、可控性、可靠性及环境影响等，反应器操作优化时的最大化主产物浓度和最小化副产物浓度等，这些目标相互影响，有时甚至相互冲突。传统的多目标优化方法通常将多目标转换为单目标，典型的有权重加和法、ε约束法、目标规划法、理想点法等。这些方法需预先设定部分参数，如各目标的权重、目标值等，带有一定的主观性，且每次运行仅能得到一个解，难以应对多目标优化问题的求解特性，尤其对于Pareto前沿为非凸的多目标问题，这些方法可能会遗失部分最优解（Deb，2003）。

将随机优化算法，如进化算法、粒子群算法等，用于多目标优化时，每次运行能求得一组解，由此引起了广泛关注，典型的进化算法用于多目标优化问题的有多目标遗传算法（Fonseca et al.，1993）、非劣排序遗传算法（Srinivas et al.，1995）、强度Pareto进化算法（Zitzler et al.，1999）、Pareto存档进化策略等，各算法的实施及评价还可参见Deb的著作（Knowles et al.，1999），Deb对用于多目标优化的进化算法进行了系统的回顾与总结。

近10年来，多目标优化方法也渐渐被广泛地应用于化工过程领域。

第二章
相关理论研究及文献综述

Mitra等（1998）首次采用非劣排序遗传算法对尼龙6的半间歇反应器进行了多目标操作优化，同时以反应时间最小和副产物浓度最小为优化目标。此后，众多研究者采用非劣排序遗传算法及其改进方法用于化工过程的多目标优化，应用领域较为广泛，如旋风分离器、工业氢装置、聚对苯二甲酸乙二酯工业转膜反应器、流化催化裂化装置、工业苯乙烯反应器、半间歇等温环氧聚合过程、工业低密度聚乙烯管式反应器、间歇冷却结晶过程等，它们的优化目标分别为总收集效率最大和压力降最小，氢气流率和输出蒸气流率均最大，含酸基团和含乙烯基团的副产物浓度均最小，汽油产率最大和空气流率与废气中一氧化碳比例最小，苯乙烯的产量、收率和选择性均最大，数均分子量最大和多分散性指数最小，单体转化率最大和副产物浓度最小，或者重均粒径最大和操作时间最小等。

此外，禁忌搜索（Cavin et al., 2005）、差分进化算法（Babu et al., 2005）、模拟退火算法（Sankararao et al., 2007）、蚁群算法（贺益君等，2006）和粒子群算法（Li et al., 2007）等也开始用于化工过程的多目标优化。Sankararao等（2007）将多目标模拟退火算法用于空气分离过程中变压吸附装置的多目标优化，并以氧气和氮气的纯度与回收率均最大为优化目标。贺益君等（2006）提出多目标连续蚁群算法用于对二甲苯异构化装置的多目标优化，并以主反应程度最大和副产物浓度最小为优化目标。Li等（2007）采用多目标粒子群算法用于工业石脑油裂解炉的多目标优化，并以乙烯和丙烯的收率均最大为优化目标等。大连理工大学的孙力等在总结以往化工过程优化策略的基础上，对多目标优化问题提出基于模糊理论的复合式过程集成方法，并进行了理论和实例研究，将过程安全性及装置可靠性作为新的优化目标加入到过程优化中（Sun li, 2002, 2004a, 2004b；孙力，2003, 2004）。

经文献检索统计，大部分化工过程的多目标优化研究成果主要集中于Santosh K. Gupta教授和Ajay K. Ray教授的两个课题组，他们在化工领域的顶级期刊发表了较多的研究论文，且引用率较高。但是，综观过程系统工程的优化研究领域，对多目标优化的关注程度仍显不够，究其原因，一方面，随机优化算法用于多目标优化的发展历程较短，理论研究需进一步深入，对大规模复杂优化问题的求解效率与性能仍需提高；另一方面，可能与优化方法相关，大部分过程系统工程专家主要关注确定性全局优化方法的理论和应用研究，其无法有效地应对多目标优化的求解特性。浙江大学的钱积新等在

"九五"国家重点科技项目(攻关)计划"工业过程实时控制与优化商品化工程软件开发研究"的资助下,结合某厂乙苯工业生产装置,对化工生产过程的两类核心操作单元通用精馏塔和固定床反应器的在线模拟与优化技术开展研究,为开发出能够大规模推广应用的化工过程在线优化商品化工程软件奠定基础(Zhang,1997;张余岳,1996,1997,1998;邵之江,1997;钱积新,1998)。

综上所述,多目标优化虽已广泛地用于化工过程领域,但仍存在如下问题:①多目标优化所用方法较为单一,大部分为非劣排序遗传算法及其改进,应注重开发更多性能优良并具特色的多目标优化方法,以适应各种需求;②近年来,群智能优化方法,如粒子群优化和蚁群算法,已开始用于多目标优化,效果良好,应注重对它们的研究,拓宽其在化工过程领域的应用范围;③当前的研究大多集中于化工过程的操作优化,对过程设计和综合、生化过程等领域的多目标优化研究相对较少,在化工过程的各个层次都可实施多目标优化,应加强研究;④研究较多集中于如何获得分布较为均匀的 Pareto 最优解集,对于后续的决策过程,即如何从解集中选出满意解,研究甚少,在理论与应用两方面都应加强;⑤应加强开发适于多目标优化的实用软件。

四、混合整数非线性规划

在整数规划中有一类非常重要的规划即整数非线性规划,随着运筹学的广泛应用,越来越多的规划模型被提出,许多数学模型需要优化整数变量和离散变量而且模型中的目标函数或约束函数为非线性函数,这类问题就被称为整数非线性规划问题(Integer Nonlinear Progamming, INLP)。若数学模型中变量要求部分变量为整数变量、部分变量为连续变量,那么该规划问题就被称为混合整数非线性规划问题(Mixed Integer Nonlinear Programming, MINLP)。

MINLP 作为规划领域中的一个重要问题,其理论与算法的研究有了很大的发展,特别是对凸 MINLP 问题,近年来研究人员也逐渐开始对非凸 MINLP 问题的研究工作,但是由于非凸问题的复杂性,至今对该问题还没有取得明显的研究成果,只能对一些特殊的问题,如拟凸、伪凸类函数和凹函数有一些研究成果。

在运筹学、管理科学和工程设计中,最优化问题(Optimization Problem)处于非常重要的位置。最优化处理的是具有多个变量且通常需要服从等式和

(或）不等式约束的最小化或最大化函数问题。一般地，最优化问题由目标函数和约束条件两部分构成：

$$\text{Min } Z = f(x, y)$$
$$\text{s.t. } g_j(x, y) \leq 0, j \in J \quad \quad (2.1)$$
$$x \in X, y \in Y$$

其中，将满足所有约束条件的解物流 j 称为可行域（Feasible Region），可行域中的解称为可行解（Feasible Solution），将可行域中使目标函数最小的解称为最优解（Optimal Solution）。对于最大化问题，可将目标函数乘以（-1），转化为最小化问题求解。

当 $X = R$ 时（n 元实物流），目标函数和约束条件均为线性表达式，最优化问题称为线性规划问题（Iinear Programming Problem），否则称为非线性规划问题（Nonlinear Programming Problem）。线性规划问题对应于单纯形法（Simplex Method）和对偶理论求解。当目标函数 $f(x)$ 为二次函数、约束条件全部为线性表达式时称为二次规划（Quadratic Programming），可以找到类似于线性规划的在有限步搜索的优化方法。当目标函数 $f(x)$ 为凸函数、可行域为凸物流时，该优化问题称为凸规划（Convex Programming），依据连续性和可微性的假设，有最小平方和法、最速下降法及牛顿法等经典无约束方法。当 j 为离散集合构成的解物流时，这类最优化问题称为组合最优化问题（Combinatorial Optimization Problem）。

化工过程优化问题需要同时考虑设备结构参数和工艺操作参数，是一个超结构流程，涉及经济效益、社会效益和环境效益，可以看作是一个混合整数非线性规划问题。闫志国等（2005）根据超结构中整型变量的特征，提出整型变量连续化处理的思路，将 MINLP 问题简化为 NLP 问题，然后采用罚函数法求解；最后将该算法运用于加氢脱烷基化（HDA）过程综合的实例研究，结果表明该算法克服了传统方法在处理整型变量时出现的麻烦，为有效快速地进行化工过程综合优化问题提供了一种新的途径。

第六节 相关研究评价及启示

产业链的延伸和优化是从区域经济发展的角度提出来的。对产业链形成的内在机制，虽然国内学者从不同的角度进行了探讨，一些学者针对重要产业链环的选择等建立了一些方法和模型,例如,张铁男的灰色关联分析法,李丹、郑志安的产业链主导产品评价模型,龚勤林的区域优势产业链的选择方法。但是这些方法普遍存在着数据是否可得、计算量大等问题,还不能被普遍接受和应用,因此在推广方面存在较大的问题。因此,建立一些简单易行的关键产业链环的选取方法和模型是以后研究的方向,这对产业结构调整、区域产业竞争力的提高等方面具有决定性的作用。此外,产业链不是越长越好,而是在产业链延长的同时,实现产业链的整体协调,使产业链上的企业联系更加密切,更加一体化地面对市场,从某种意义上讲产业链的延伸和优化是产业链实现升级的关键步骤,如果说产业链延伸与优化赋予产业链以链状形态的话,那么产业链升级就赋予产业链以灵魂,从而实现产业结构调整。

产品链是产业链的产品形式,是产业链的基础和核心。产品链的延伸和优化是从企业的角度提出来的,其研究相比产业链来说更具体。我国研究产品链的时间毕竟还短,在为数不多的相关文献中,李洪波等(2005)研究的垄断产品链中革新合作机制,实际上研究的是供应链投资利润分配;柳键(2003)研究的高科技产品链的供需关系及其协调决策,实际上研究的也是供应链的供需关系及其补货与定价决策的定量分析。对产品链描述、分析、建议的综述性文献多,但缺乏系统化的研究,很少上升到理论阶层去,对于产品链的形成机制、传导机制、延伸原理、分布形态等研究更是少见。此外,来自环境保护的压力及能源资源综合利用等方面的要求,促使我国化学工业加快产业结构调整和转变经济增长方式必须走循环经济的道路,而对化工产品链进行系统分析和管理则是全面提高化学工业循环经济发展水平的关键所在。化工产品链延伸可以提高产品附加值,通过化工产品链优化可以提高资源利用率、减少环境污染,化工产品链的延伸和优化问题作为化工产品链系统分析和管理的重要内容之一,将是本书的研究重点和核心内容,并试图通过本书为我国化学工业转变经济增长方式、调整产业结构提供理论指导。

第三章
基于平台化学品的化工产品链延伸研究

化学工业属于典型的流程型加工业，离散型工业中的产品平台就相当于流程型工业中的平台化学品，离散型工业中的产品线就相当于流程型工业中的产品链，化学工业可以通过平台化学品延伸其产品链。产品链一般是树形结构，在产品原料的分解加工过程中，会形成许多不同产品，有些产品被直接使用或消费，有些则进入到下一道加工工序，继续分解加工。产品链链条就是由这许多个环节逐节构成，实际上它不是单纯的单链结构，它像树一样，有主干也有枝条。区分主链和分支的关键是产品的基本功能是否得到保持，链条的长短以主链长短为准。一般来讲，产品链越长，表示加工环节越多，产品增值越大，利润越高。但产品链不是越长越好，这主要取决于市场需求，潜在的市场需求要求产品加工到何种程度，产品链就延伸到何种程度。

第一节　相关概念辨析

一、产业链与产品链

1. 产业链

产业链（Industrial Chain）是形容产品生产过程中一种或几种资源通过若干产业层次不断从上游向下游产业转移直至到达消费者的路径，它描述的是厂商内部和厂商之间为生产最终交易的产品或服务所经历的价值增值的活动过程，涵盖了商品或服务在创造过程中所经历的从原材料到最终消费品的所有阶段（芮明杰 等，2006）。其包含4层含义：一是产业链是产业层次的表达。二是产业链是产业关联程度的表达。产业关联性越强,链条越紧密,资源的配置效率也越高。三是产业链是资源加工深度的表达。产业链越长,表明加工可以达到的深度越深。四是产业链是满足需求程度的表达。产业链始于自然资源,止于消费市场。

在产业经济的理论与实践中,产业升级一直是一个热门的话题,历来被给予广泛的关注。波特认为,从理论本质上看,产业升级就是当资本(人力和物力)相对于劳动力和其他的资源禀赋更加充裕时,国家在资本和技术密集型产业中发展比较优势。Gereffi认为,产业升级是一个企业或经济体向更具获利能力的资本和技术密集型经济领域的能力提高的过程。Poon则认为,产业升级就是制造商成功地从生产劳动密集型低价值产品向生产更高价值的资本或技术密集型产品这样一种经济角色转移的过程。从本质上来说,一个产业的发展就是这个产业不断升级的过程。具体表现为由低技术水平、低附加价值状态向高技术、高附加价值状态演变的过程。20世纪90年代末,随着全球经济一体化与产业内分工、产品内分工的深化,产业升级的概念被真正引入到全球价值链(Global Value Chain,GVC)的分析框架中,全球价值链是产业的全球范围分工,在这个链上全球产业价值链的高端是发达国家的专利技术、研发与自主设计制造(Own Design Manufacture,ODM)和全球范围内的贸易、自主品牌制造(Own Brand Manufacture,OBM),价值链的两端价值创造的空间大,即附加值高。Gereffi将产业升级置于全球价值链中并较早认识到产业升级分析的层次问题,他认为产业升级可分为4个层次:①产品层次升级,即从简单到复杂的同类型产品;②经济活动层次升级,包括不断提升的设计、生产和营销能力;③部门内层次升级,如从最终环节的制造到更高价值产品和服务的生产,也包括供应链的前向和后向联系;④部门间层次升级,即从低价值、劳动密集型产业到资本和技术密集型产业。在这个分类的基础上,Humphrey和Schmitz明确提出了一种以企业为中心由低级到高级的四层次升级分类方法:①流程升级,通过重组生产系统或引入高级技术将投入转化为产出;②产品升级,根据单位增加值转向更高端生产线;③功能升级,即获得链上新的、更好的功能,如设计和营销,或放弃现有的低附加值功能而集中致力于附加值更高的环节,在不少文献讨论中,从基本加工到贴牌生产(OEM)到自主设计制造(ODM),再到自有品牌制造(OBM)的转换常常被视为功能升级路径;④部门间升级,把从一个特定环节中获得的能力应用于新的领域或转向一个新的GVC,也称链升级。据此可见，全球价值链下产业升级实质上是直接把企业的生产能力及竞争力的提高视为产业升级的本源，产业升级直接表现为企业在一个GVC中顺着价值阶梯逐步提升的过程，而其背后的支撑是企业技术链的升级和延伸，其作用机制表现为：随着产业发展对技术的进一步需求及企业技术能力的提升，企业在掌握国外技术的基础上创新出本土化的技术，使技术链不断升级延伸，从而驱动企业产业链的升级。目前，从全球来看，发展中国家承担全球价值链的委托加工、贴牌生产，获利空间极小。因此，发展中国家产业升级必须由产业链的中端向产业链的两端攀升，即由OEM向ODM专利和跨国贸易、OBM转移。

现阶段我国资源型产业面临良好的发展机会，但是以增加投入要素为特征的粗放型的发展模式使得我国资源型产业面临不断强化的外部资源环境约束，要突破资源环境约束，就必须转变产业发展方式，从资源依赖性向主要依靠科技进步使产业升级来提高产业在全球价值链中分工地位的方向转变。我国资源型产业大多是通过引进国外成熟技术建立起来的，这些产业技术链的建立是通过在产业活动过程中对引进技术的学习和消化实现的，具有移植性的特点，随着产业发展对技术的进一步需求，企业应利用通过学习与消化国外先进技术而积累的技术能力，掌握模仿引进的技术，并创新出本土化的技术，在本土化新技术发展的推动下，实现产业链不断升级。

2. 产品链

产品链是产业链的产品形式，是产业链的基础和核心。产业链上下游之间的联系主要为产品的投入产出联系，上游企业的产品是下游企业的投入。以石油化工产业为例，其主导产业链为：石油、天然气 → 石油炼制加工品 → 基本有机原料 → 高分子材料 → 塑料、合成纤维、橡胶。它的源头是石油和天然气开采业，第二层为石油炼制加工业，第三层生产基本有机原料，第四层合成高分子材料，第五层为塑料、合成纤维、橡胶等产成品。化工生产过程中以一个或几个基础化工原料，一道一道地加工下去，形成一条链，即可称为化工产品链。由此，化工产品链可定义为由化工生产过程中上游产品作为下游产品原料，从上而下由初级产品逐步变为精深加工商品所依次形成的一系列产品。

从设计的目的来看，产品链的设计与化工过程设计和化工产品设计之间的差异表现为：化工过程设计以化学反应、单元操作、物料能量网络为核心，追求生产操作成本最小化、工艺设备的先进性与安全性；化工产品设计则以化学功能、分子设计为核心，追求化学产品的品质与价格，其利润更多来源于其特殊功能；而化工产品链的设计要以发展循环经济为思想、以资源梯级利用为指导、以市场需求为导向、以绿色化工为技术支撑，在宏观上体现出经济、社会和环境效益的协调性。其核心是将上一级生产过程中产生的废物作为下一级生产过程的原料或能源，在系统内部形成一个协调、互补、共生的关系。因此，化工产品链的设计要以优化产品结构和生产策略为指导，目的是在保证生产工艺的环境友好性的同时，使企业具有更强的抗市场冲击能力。此处所提的化工产品链的设计不是从分子设计的微观领域出发，而是在产品开发、产品组合和产品生产的过程就考虑生态要求与经济要求之间的权衡。考虑所设计的产品链在生命周期所有阶段对环境的影响问题，以使在原料的开采或加工过程中不产生或产生尽可能少的环境影响，将整个产品链作为一个大系统，而组成的各个阶段作为子系统，采用系统工程的观点，考虑产品系统中物质、能量、信息的流通和共享与各个部分间的相互作用及它们各子系统之间的耦合关系，以期在经济成本方面能获得良好效益。

二、离散型企业与流程型企业

制造型企业按照企业产品生产模式的不同，可以分为离散型企业（Discrete Industrial Enterprises）与流程型企业（Flow Industrial Enterprises）。

1. 离散型企业

离散型企业：企业产品的生产过程通常被分解成很多加工任务来完成。每项任务仅要求企业的一小部分能力和资源。企业一般将功能类似的设备按照物流和行政管理建成一些生产组织（部门、工段或小组）。在每个部门，工件从一个工作中心到另一个工作中心进行不同类型的工序加工。企业常常按照主要的工艺流程安排生产设备的位置，以使物料的传输距离最小。此外，其加工的工艺路线和设备的使用也是非常灵活的，在产品设计、处理需求和订货数量方面变动较多。在我国，离散型企业分布较广，主要包括机械加工、电子元器件制造、汽车、家用电器、玩具等。

在制造行业中，离散型制造有其自身特点，即以不同的物料经过非连续的移动，通过不同路径，生产出不同的物料和产品。按生产类型分为单件生产、多品种小批量生产、大批量生产、大规模定制等。其中的单件生产，其产品按订单设计、按客户需求生产，产品复杂，产品生产周期一般都较长，有时一个合同按部件多次交货。生产组织按工艺划分，而设备是通用的。以重型机械行业为例，其特点是产品类型多，产品结构复杂，少则由几千个零件多则几万个零件组成，而铸锻件需要从炼钢开始，生产毛坯，覆盖的工艺类型多。因此，生产工艺流程长，制造周期相对较长。由于用户订单对产品需求的各异性，在经营过程中经营人员、产品和工艺设计人员共同进行经营活动，需与用户进行长时间的技术交流，而一旦签订合同，用户要求的交货期都比较短。因此，虽然产品复杂，但市场要求设计周期要越短越好。

由于零件繁多，加工工艺多样化，又涉及多种多样的加工单位、工人和设备，导致生产过程协作关系十分复杂，计划、组织、协调与控制任务十分繁重，造成生产管理十分复杂。因此，加工装配型企业是生产管理研究的重点。

2. 流程型企业

流程型企业：被加工对象不间断地通过生产设备进行生产，基本的生产特征是通过一系列的加工装置使原材料进行规定的化学反应或物理变化，最终得到满意的产品。流程型企业大多是重要的能源和原材料工业，如石化、冶金、电力、轻工、制药等在国民经济中占主导地位的行业。产品品种稳定，生产量大，工艺大多固定。其生产长年不间断，一般都伴随着化学变化，通常是在高温、高压等恶劣条件下进行的，停产常常会带来巨大的经济损失。

流程型生产又称"连续性生产"，是指在流程型生产企业中，物料是均匀地、连续地按一定工艺顺序运动地、不间断地通过生产设备，如化工厂、炼油厂、水泥厂、发电厂等，这里基本的生产特征是通过一系列的加工装置使原材料进行规定的化学反应或物理变化，最终得到满意的产品。由于生产过程是24小时连续不断的。人们也称此类生产为过程型或连续型。

流程型生产特点：①工艺过程是连续进行的，不能中断，保证连续供应原料和确保每一个环节在工作期间必须正常运行，否则任何一个生产环节出现故障，就会引起整个生产过程的瘫痪；②工艺过程的加工顺序是固定不变的，生产设施按照工艺流程布置；③劳动对象按照固定的工艺流程连续不断地通过一系列的设备和装备被加工处理成产品，由于产品和生产工艺相对稳定，有条件采用各种自动化装置实现对生产过程的实时监控；④流程型生产的地理位置集中，生产过程自动化程度高，只要设备体系运行正常，工艺参数得到控制，就可以生产正常的合格产品；⑤生产过程中的协作与协调少，因此生产管理相对简单一些，但对于设备和控制系统的可靠性要求高；⑥加工装配型生产的地理位置分散，零件加工和产品装配可以在不同的地区，甚至在不同的国家进行。

第二节　化工产品链延伸路径研究

一、化工产品链的定义

随着传统化学工业日益饱和，化工必须朝精细化、深加工方向发展，许多大学和科研机构化学工程专业的科研开始从面向过程转为面向产品。化学工程的研究向微观层次不断延伸，注重高附加值专用化学品（如精细化学品、生物化工、医药等）的设计和开发，根据市场需求，通过化学、工程和系统科学的方法设计和制造新产品，延伸化工产品链。化工企业为了应对来自原料价格上涨及环保政策等因素的影响，也开始以产品链为主线，组织优化生产。

目前有关产品链的定义颇多，但很少有对化工产品链给出确切定义的。李琼玖（2005）在分析甲醇燃料与化工产品的科学发展观时提到化工产品链概念，但并未做出确切定义。针对天然气化工产业，黄智贤（2009）将天然气化工产品链定义为：先将天然气加工成初级产品（如甲醛、乙炔、合成气等），再以此为原料通过一系列单元操作生产主要产品，从其原料到形成最终主要产品可能涉及多个中间产品，这些产品间的链接关系（即产品间的上下游关系）构成一个产品链。产品链中各产品质量要求的是纯度，而非特殊功能。

化工生产过程中以一个或几个基础化工原料一道一道地加工下去，形成一条链，即可称为化工产品链。由此，化工产品链可定义为由化工生产过程中上游产品作为下游产品原料，从上而下由初级产品逐步变为精深加工商品所依次形成的一系列产品。化工产品链应满足如下条件。

①为清洁生产路线，上一级生产过程中产生的废物能作为下一级生产过程的原料或能源，在系统内部形成一个协调、互补、共生的关系。

②可根据产品市场的变化，灵活地调整各种产品的相对产量，在不更换工艺过程的前提下，达到产品利润最大化的目的。

③具有较强的产品适应能力，可以通过调整各种产品的相对产量以适应产品市场需求变化，从而避免"产能过剩"等问题。

④具有较强的生产能力，可实现规模效益。

⑤有现实需求和可望在一定时期内变为现实需求，可以通过对其生命周期做出估计，再由该产品当前所处阶段（导入期、成长期、成熟期或衰退期）预测市场容量及剩余物流，从而避免"滞销"等问题。

二、影响化工产品链延伸的因素

产品作为生产与市场的结合点，既是企业参与市场竞争的物质载体，也是组织市场营销的主要依托。市场竞争归根到底是产品的竞争，并且终究是要以产品作为其基础和保障。随着现代科学技术的发展和社会的不断进步，产品生命周期大大缩短，更新换代的速度日益加快，并且随着市场的成熟和竞争的加剧，企业间的竞争也越来越激烈，单一的产品结构已经不能满足市场和企业生产能力两方面的需求，这就要求企业转向以市场客户需求为导向、结合自身的资源禀赋对企业的产品结构进行快速调整，延伸产品链。

化工产品链延伸应从市场需求出发，围绕企业发展战略目标展开并应形成支撑企业发展战略目标的核心能力，结合所拥有的原料资源、财务资源、人力资源等进行资源分析，并考虑政策限制、环境生态容量的约束，还需论证工艺技术的可行性。影响化工产品链延伸的主要因素如图3.1所示。

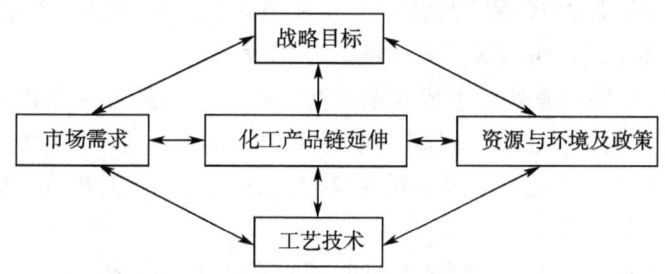

图3.1 影响化工产品链延伸的主要因素

在影响化工产品链延伸的4个因素（即战略目标、市场需求、工艺技术、资源与环境及政策）之间，存在复杂的非线性的因果关系回路，其中的主导关系是：工艺技术支持资源与环境及政策，资源与环境及政策支持市场需求，市场需求支持战略目标，战略目标支持工艺技术、资源与环境及政策，市场需求引导工艺技术。根据上述因果关系，可以采用 Forrester 的方法构造如图 3.2 所示的化工产品链延伸机制模型。

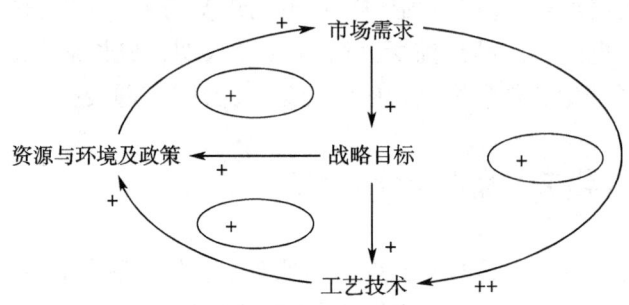

图 3.2 化工产品链延伸机制模型

从图 3.2 中可以看出，在战略目标、市场需求、工艺技术和资源与环境及政策 4 个维度之间，构成了 3 个正反馈回路：其一为"资源与环境及政策—市场需求—战略目标—资源与环境及政策"回路，其二为"工艺技术—资源与环境及政策—市场需求—工艺技术"回路，其三为"工艺技术—资源与环境及政策—市场需求—战略目标—工艺技术"回路。在这 3 个回路中，哪一个回路属于主导回路，取决于企业所处的环境条件，但一般可按以下原则进行判断。

情形 1：如果企业处于较为稳定的发展时期，则"资源与环境及政策—市场需求—战略目标—资源与环境及政策"回路为主导回路。此时，企业行为受简单的资源与环境及政策增长机制支配，表现为战略目标的持续提高，资源与环境及政策成为实现战略目标的发动机。

情形 2：如果企业处于市场变革时期，则"工艺技术—资源与环境及政策—市场需求—工艺技术"回路为主导回路。此时，企业行为受市场供求机制支配，表现为产品结构的调整和客户关系的变迁，工艺技术成为企业应对市场变化的切入点。

情形 3：如果企业处于财务危机时期，则"工艺技术—资源与环境及政策—市场需求—战略目标—工艺技术"回路为主导回路。此时，企业行为受战略目标支配，表现为战略目标难以实现，工艺技术成为企业支撑战略目标的切入点。

由此可见，在资源与环境及政策许可的情况下，工艺技术是实现战略目标的关键性的核心因素,并间接决定了化工产品链可延伸路径。此外,化工产品链的延伸还必须考虑选取适当的平台化学品,流程型化学工业中平台化学品就类似于离散型工业中的产品平台,离散型工业可以通过产品平台来扩展产品族,而流程型化学工业则是通过平台化学品来延伸产品链,平台化学品的选择直接决定了化工产品链的延伸路径,亟须对其加大研究力度。

第三节 平台化学品选择研究

一、平台化学品概念

化学工业作为典型的流程型加工行业,一体化的成套专用设备、专有技术和固定的生产工艺决定了其产品的单一性与不可变更性。化学工业这种主要依赖于生产工艺和专用生产设备进行大批量、连续化生产方式的特点,决定了化学工业中的产品平台不同于离散型工业中的产品平台。因此,化学工业要实现产品的更新换代,绝不能照搬离散型工业中"产品平台"的概念,但可以利用其思想,结合流程型工业自身的工艺和产品特点,采用"平台化学品"的概念来替代"产品平台"的概念。在化学工业中,平台化学品就相当于离散型工业中的产品平台——通过平台化学品延伸化工产品链,能够快速、低成本地派生出一系列专用化学品,能更好地满足多样化的市场需求,担当起产品平台的作用,如图3.3所示。

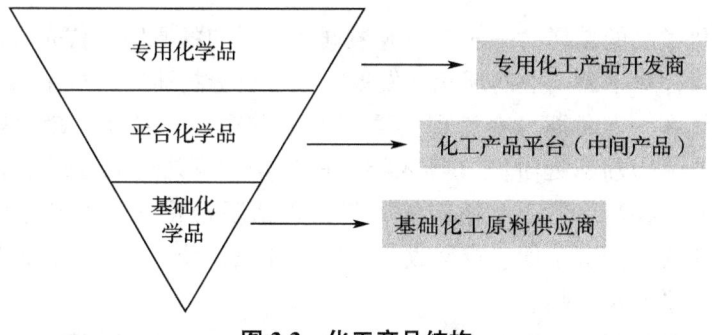

图3.3 化工产品结构

从图 3.3 可以看出，底层基础化学品品种少、上层专用化学品品种繁多，化工产品结构呈现出一个"倒金字塔"型结构。平台化学品处于基础化学品与专用化学品两大产品之间，兼有产品和原料两种功能，有明确的质量规格，可以作为商品进行交易，能支持多个系列下游专用化学品的开发且在技术经济上是合理的。

本书认为，在化学工业中的产品平台——平台化学品，可以将其诠释为在某一化工产品链延伸过程中所确定的一个基准产品，介于基础化学品与专用化学品之间，以它为基础平台可以延伸出一系列专用化学品。按此概念则许多基础化学品和基本有机原料都可归入这个范畴，但本书专指连接基础化工和精细化工的平台化学品，须同时满足 3 个条件：①上游为基础化工原料供应商所产出的大宗基础化学品；②下游为专用化工产品开发商所产出的非大宗专用化学品；③本身可由基础化工或专用化工两类企业生产，但更适合基础化工企业生产的化学品。此外，平台化学品作为下游企业的原料面向多个用户且具有基本一致的界面，产品销售和市场开发与大宗基础化工产品有许多共同之处，对售后服务的要求远比精细化学品简单，能与基础化工企业管理体制和经营机制相适应（吕启东，2003）。

化学工业应用产品平台战略就是要选择、确定一个合适的平台化学品，但如何合理选择平台化学品去建立化学工业的产品平台就成为化学工业可持续发展的关键所在，这就需要进一步分析其影响因素并建立模型来做综合评价。

二、影响平台化学品选择的主要因素

平台化学品的选择，一般来说应根据市场导向的原则，首先应围绕企业发展战略目标对下游产业的现状及发展前景进行分析研究，从中选出有现实需求和可望在一定时期内变为现实需求的下游产品，对其生命周期做出估计，由该产品当前所处阶段（导入期、成长期、成熟期或衰退期）预测市场容量及剩余物流，然后对相应的原料，包括平台化学品及其上游，从资源、技术路线、配套条件、投资收益等方面加以比较，两者结合，从中列出可供选择的平台化学品。

平台化学品属于化工有机原料的深加工产品，在生产规模、技术含量、质量要求、销售对象等方面与大宗基础化工产品有所不同，如规模一般较小、产品品质要求较高、应用面较窄、市场相对集中，制订发展规划时应充分考虑这些特点，结合当时当地具体情况并通过技术经济分析来选定项目，而不要受思维定式的限制。如在规划基础化工项目时，往往从本企业已有原料出发，甚至为此还要配上生产原料的项目，思路比较局限，但平台化学品则由于规模较小，原料来源就广泛得多，只要技术经济上合理，完全可以外购解决，从而扩大了选择项目的余地。除了原料资源外，技术资源也是发展平台化学品的重要依托条件，有时掌握某些专门的技术甚至比拥有原料更具竞争力。由于规模相对较小，发展平台化学品所需原料可以外购解决，企业如在生产技术上有优势，就不必受自身原料的局限。再如平台化学品用户的相对专一性，要求上下游企业建立比较紧密和牢固的联系，易于形成利益共同体，使项目建设有了更多在资金和市场上获得支持的机遇，不仅可以增加现有产品的附加值，还可以通过与客户合作寻求进入精细化工领域的机会，从而既延伸了产品链，也延伸了价值链，为基础化工企业实现新的经济增长提供了一条可行的路径。因此，正确选择发展哪一个平台化学品就成为找准这个切入点的关键所在。

①战略目标：平台化学品的选择必须结合企业的发展战略，因各企业所处区位不同、产业地位不同、业务类型不同、价值准则不同、发展定位不同，则其平台化学品的选择也就不同。平台化学品的选择应该能支持企业的发展战略，应当依托基础化工企业强大的产业基础，充分发挥原料、公用工程及其他生产支撑条件的优势，坚持产品项目一体化原则。基础化工企业可以利用主业的副产资源及大宗产品已有稳定的市场，做到成本最低化，与购入原料单建同类装置的精细化工企业相比，基础化工企业无疑具有更强的产品竞争力。

②企业资源：化学工业属资本密集型工业，期初投入大，产出也大，具有资源消耗大、三废排量大、物流量大等生产特点，同时化学工业又属技术密集型工业，技术资源也是发展平台化学品的重要依托条件，有时掌握某些专门的技术甚至比拥有原料更具竞争力。生产技术的提高对改进化工产品的质量、新产品开发、降低成本和消耗起着决定性的作用。因此，选择平台化学品时必须对企业所拥有的原料资源、财务资源和技术资源进行综合论证，尤其是对相关领域内专项工艺技术和共性的工程技术进展情况，并研究取得优势技术的可行性，企业如在生产技术上有优势，就不必受自身原料的局限，完全可以开阔思路，外购解决发展平台化学品所需原料。

③环境容量：平台化学品的选择必须坚持环境保护一体化原则。化工产业与环境关系密切，在选择平台化学品时应考虑环境生态容量的约束。由于化学反应基本特征所决定，在化工生产中不可避免地产生大量"三废"，一般化工企业的"三废"治理投资巨大。为了减少、降低污染，有效提高资源综合利用率，对"三废"集中处理，发展环境友好型产品，形成协同和优化是化工产业的重要目标。化工产业要在循环经济中不断发展，不仅要充分利用生产过程中排放出来的废热、废气、废液、废渣进行循环再利用，还要充分利用社会上的废物作为再利用资源，使其变废为宝，通过资源循环利用，减少环境污染。

④过程能力：平台化学品的选择必须加强过程加工能力建设，坚持物流传输一体化原则。化学工业是生产过程中化学方法占主要地位的制造业，是通过化学反应和以物理过程为主的单元操作将低价原料转化为高价目的产品的流程加工产业。化学工业这种主要依赖于生产工艺和专用生产设备进行大批量、连续化生产方式的特点，决定了其产品具有很强的流程依赖性。在实施过程中，要注重物流分布规划和工艺衔接，通过过程加工能力的建设来保证目的产品的产率或纯度，保证物流传输安全、经济、可靠。因此，为了实施平台战略、选择合适的平台化学品，必须加强过程设计与优化。

⑤公共设施：平台化学品的选择必须坚持公用辅助一体化原则。化学工业是对水、电、气、汽、交通运输等基础设施要求较高、用量较大的行业。在化工产品的直接成本中，水、电等公共基础设施等公用工程费用占30%~40%，因此化工装置、企业集中布置建设大型"公用工程岛"，降低公用工程费用尤为重要。通过上下游原料互供，公用工程集中建设、供应，"三废"集中处理，形成协同和优化。除硬件配套设施外，还应分析配套产业政策和财税优惠政策。

⑥技术经济：平台化学品的选择除技术、工艺先进外，还应分析市场需求、投资收益和发展前景。市场需求决定投资收益，投资收益反映发展前景。平台化学品能否整合企业能力与市场需求，是化工企业应用平台战略成功的关键，如果做到了这一点，企业就可以用自己的优势抓住市场机遇，赢得竞争优势，获取最大的投资收益。

三、平台化学品选择的评价指标

由于市场瞬息万变、技术发展迅速，平台化学品选择本身就存在较大的不确定性风险，加之生产加工平台化学品的固定资产投资具有不可逆转性，若不能有效利用，就会成为沉没成本，给企业造成较大损失。因此，选取的评价指标既要体现系统优化性、通用可比性、实用性、可测性等原则，又要反映平台化学品的特点。对一个企业而言，各个项目之间都具有或多或少的关联性，必须通盘考虑、综合分析，进行可行性研究，除遵循可行性研究的一般规律外，还有几点差异：首先，对项目是否值得投资的判别并非完全依据其直接经济效益的大小，还应分析能否长期、稳定地保持市场优势，这是因为下游精细化学品更新换代快，项目本身的市场不确定性导致了效益不确定；其次，在风险分析时，不同于常规投资项目只着眼于风险带来的投资损失，还要把丧失机遇也当作一种风险；最后，还要研究多种投资方式的影响情况，由于平台化学品用户的相对专一性，要求上下游企业建立比较紧密和牢固的联系，易于形成利益共同体，使项目建设有了更多在资金和市场上获得支持的机遇，使项目资金筹措方式有了更多的选择。总之，平台化学品作为连接基础化学品和专用化学品的中间产品，在工艺、技术、产业发展路径上具有很强的依赖性，对生态环境影响较大，企业在选择平台化学品时应充分考虑这些特点，从平台化学品的技术可行性、经济可行性、设备场地配套性、公共基础设施配套性、产业互补性和环境安全性的角度出发，围绕其战略目标，通过技术经济分析和可行性研究，明确企业的发展战略、发展路径和企业可获得的原料资源、财务资源和技术资源，对其技术工艺、流程加工能力、当地生态环境容量和已有公共配套设施等进行综合论证，并结合当时当地企业所处市场环境建立评价指标体系，具体如表3.1所示。

表 3.1　输入和输出评价指标体系

	指标	指标表征内容
输入指标	战略发展目标	衡量平台化学品对企业战略发展目标的支持程度
	企业投资力度	衡量企业对所选平台化学品所需的财力投入力度
	人力投入力度	衡量企业实施平台化学品所需的人力投入状况

续表

指标		指标表征内容
输入指标	企业技术能力	衡量企业实施平台化学品所需的企业技术力量
	市场需求和潜力	衡量企业所选平台化学品的市场容量和发展潜力
输出指标	战略适应性	反映平台化学品适应企业战略发展目标的程度
	资源可获得性	反映企业实施平台化学品所需原料、人、财、物等资源支撑程度
	环境安全性	反映企业所在地环境生态容量的约束程度
	设备场地匹配性	反映企业设备场地物流分布规划和工艺衔接的匹配程度
	公共设施配套性	反映公用工程共享、"三废"集中处理等公用辅助一体化程度
	产业互补性	反映上下游企业通过协同和优化提高资源与能源利用率的程度
	经济可行性	从投资收益的角度衡量所选平台化学品是否可行
	技术可行性	从技术的角度表征其领先程度和成功实施的可能性

综上可见，选择平台化学品的影响因素很多，加之可作为平台化学品的中间化工产品种类繁杂，企业要选择合适的平台化学品，将是一项系统、全面的工程，必须综合考虑平台化学品的特点，采用多输入多输出指标综合评价方法，才能选出适合企业发展需要的平台化学品，确保实施成功。

四、平台化学品选择的综合评价模型

根据输入输出指标体系，建立选择平台化学品综合评价模型，如图3.4所示。

其中，战略发展目标、企业投资力度、人力投入力度、企业技术能力、市场需求和潜力5个输入指标，是项目选择论证时必须要做的一般指标，应围绕企业定位和战略发展目标，进行技术经济分析和可行性研究，其对应输出指标分别用战略适应性、资源可获得性、技术可行性、经济可行性来衡量。而流程加工能力、产业互补性、公共设施、环境容量4个指标是考虑到化学工业的特点，针对平台化学品项目选择特别提出的、应重点考虑的指标，与平台化学品选择相互影响，相应的输出指标分别用设备场地匹配性、

第三章 基于平台化学品的化工产品链延伸研究

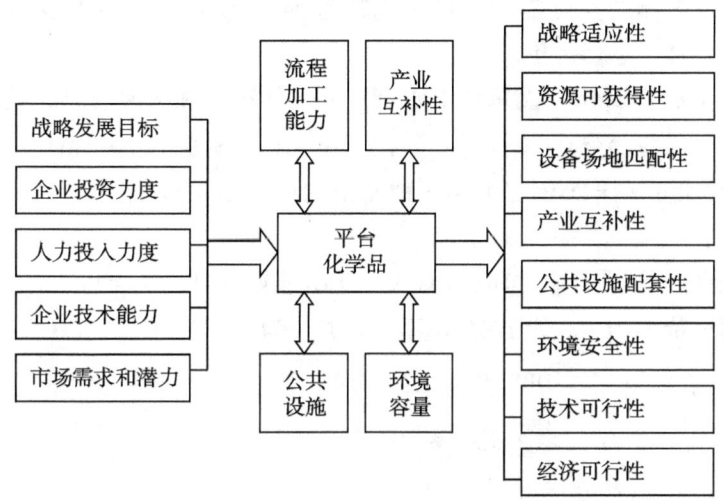

图 3.4 平台化学品综合评价模型

产业互补性、公共设施配套性、环境安全性来衡量。

平台化学品综合评价模型因输入输出指标众多，且输入指标与输出指标之间相互影响，因而是一个复杂系统。一方面，其相互作用存在内在的复杂关系，难以从微观角度予以精确表述，即难以用确定的函数解析式来表达输入输出之间的关系；另一方面，由于企业所处区位不同、产业地位不同、业务类型不同、价值准则不同、发展定位不同，平台化学品各评价指标相对于各企业的重要程度也就不同，加之决策者对评价指标本身具有不同程度的偏好，因此应采取主客观分析相结合的方法对平台化学品进行评价。数据包络分析方法正好适合这一要求，根据输入指标与输出指标数据，从相对有效的角度，采取主客观分析相结合的方法评价平台化学品选择方案，使评价结果更加符合实际、科学有效。

数据包络分析（Data Envelopment Analysis, DEA）[①] 模型有多种，根据

---

① 数据包络分析（Data Envelopment Analysis, DEA）方法是著名运筹学家 A. Charnes、W. W. Cooper 和 E. Rhodes 于 1978 提出的，是一种在"相对效率评价"概念基础上发展起来的一种系统分析方法。与其他统计方法不同，该方法在不需要给出投入产出数理函数关系和权重假设的前提下，仅利用观察到的投入产出数据样本资料，使用 DEA 数学规划模型，就能给出综合的标量值，评价具有多个输入和多个输出的单位（称为决策单元，Decision MakingUnits, DMU）间的相对有效性。

平台化学品选择的实际需要，本书选用经典的 C^2R 模型（吴文江，2002；魏权龄，2004）进行评价。

假设有 n 个 DMU，设每个 DMU 都有 m 种输入和 s 种输出。其中：$x_j = (x_{1j}, x_{2j}, \cdots, x_{mj})^T > 0$；$y_j = (y_{1j}, y_{2j}, \cdots, y_{sj})^T > 0$；$x_{ij}$ = DMU-j 对第 i 种输入的投入量；y_{rj} = DMU-j 对第 r 种输出的产出量；$j = 1, 2, \cdots, n$；$i = 1, 2, \cdots, m$；$r = 1, 2, \cdots, s$。

为方便，记 DMU-j_0 对应的输入、输出数据分别为 $x_0 = x_{j_0}$，$y_0 = y_{j_0}$，$1 \leqslant j_0 \leqslant n$，则评价 DMU-$j_0$ 的 DEA 模型（C^2R）为：

$$(D_{C^2R}) \begin{cases} \min \theta \\ \sum_{j=1}^{n} x_j \lambda_j \leqslant \theta x_0 \\ \sum_{j=1}^{n} y_j \lambda_j \geqslant y_0 \\ \lambda_j \geqslant 0, j = 1, 2, \cdots, n, \theta \in E^1 \end{cases} \quad \text{。} \quad (3.1)$$

若 (D_{C^2R}) 的任意最优解 θ^0，λ_j^0 ($j = 1, 2, \cdots, n$) 都满足：$\theta^0 = 1$，$\sum_{j=1}^{n} x_j \lambda_j^0 = \theta^0 x_0$，$\sum_{j=1}^{n} y_j \lambda_j^0 = y_0$，则称 DMU-$j_0$ 为 DEA 有效。

由于上述判断 DMU 的 DEA 有效性并不直接，因此引进了非 Archimedes 无穷小的概念（Feldmann et al., 1996）对于 DEA 模型 (D_{C^2R})，Charnes 和 Cooper 给出了具有非 Archimedes 无穷小 ε 的 DEA 模型 (D_{C^2R})，如下所示：

$$(D_{C^2R}) \begin{cases} \min [\theta - \varepsilon(\hat{e}^T S^- + e^T S^+)] \\ \sum_{j=1}^{n} x_j \lambda_j + S^- = \theta x_0 \\ \sum_{j=1}^{n} y_j \lambda_j - S^+ = y_0 \\ \lambda_j \geqslant 0, j = 1, 2, \cdots, n, \theta \in E^1, S^+ \geqslant 0, S^- \geqslant 0 \end{cases} \quad \text{。} \quad (3.2)$$

若 (D_{C^2R}) 的任意最优解为 θ^*，λ_j^0 ($j = 1, 2, \cdots, n$)，则：

① $\theta^* = 1$，DMU 为弱 DEA 有效，企业可选择也可以不选择该平台化学品方案。

② $\theta^* = 1$，且 $S^{*-} = 0$，$S^{*+} = 0$，DMU 为 DEA 有效，企业选择该平台化

学品方案。

③ $\theta^* < 1$，DMU 为 DEA 无效，企业不选择该平台化学品方案。

第四节　化工产品链延伸路径案例研究

一、××企业发展背景

××企业始建于 1966 年，原属国家特大型三线军工企业，1984 年军转民，2001 年交由地方管理，是三峡库区最大的移民迁建企业，也是当地唯一的大化肥企业，系国有独资企业，现隶属于当地××控股集团。该企业经过 50 多年的发展，已经成为一个涵盖农用化工产品及农化服务、专用化学品与化工新材料、工业技术服务 3 个领域的相关多元化业务组合，是集生产、科研、服务、贸易为一体的科工服贸相融并具进出口经营权的国有大型综合企业。××企业主要有年产 100 万吨合成氨/150 万吨尿素、年产 6 万吨 BDO/4.6 万吨聚四氢呋喃、年产 6 万吨三聚氰胺、年产 2500 吨聚全氟乙丙烯及配套四氟乙烯、装机容量 10 万千瓦的自备热电联产、年产 100 吨聚丙烯酸酯特种橡胶、年产 15 万吨硝酸/20 万吨硝酸铵/12 万吨硝酸钠/亚硝酸钠、年产 20 万吨硝基复合肥、年产 10 万吨甲醛、年产 2 万吨六羟甲基三聚氰胺等多套装置和生产线。此外，××企业还建有中高档柔性集装袋、五人救生艇、绝缘胶黏带等生产线。产品跨及化工、电力、电冶、机械、塑料、橡胶、建材等行业，是一家以化肥（尿素氮肥）为主营业务的大型化工企业。

自 1998 年以来，××企业连续 16 年进入××市工业企业 50 强、××市百强企业行列，是"中国化工企业 500 强""中国信息化 500 强"，先后荣获全国"五一劳动奖状""全国文明单位""全国国有企业创建四好领导班子先进集体""全国模范职工之家""全国管理现代化创新成果二等奖"等诸多殊荣。

中国加入 WTO 后化肥行业暂时被列为保护性行业，有国家和地方政策扶持，加之国内化肥市场持续稳定的增长也为其带来了难得的发展机会，但也面临着保护期后（市场准入开放）国外化肥大企业集团的大举进入和国内化肥产能激增的巨大竞争压力。面对发展机会和生存压力，××企业根据上级集团公司的要求，结合实际情况，拟定了"十一五"规划发展战略定位：以资本运营为平台，整合内部资源，优化产品结构，实施业务重组，强化化肥业务的核心地位，健全网络，以"以氨为基、以肥为主，进军流通，相关多元"为发展方向，在未来的 5 年内把××企业建设成国内一流的化肥企业和当地举足轻重的化肥龙头企业。

二、××企业原产品结构

××企业属于氮肥行业，氮肥行业近 10 年的发展在产量上取得了快速的增长，效益也得到了一定的提高，但近几年已大幅下降，面临的问题不少，而最突出的是产能过剩。氮肥整个行业的经济效益，随着原材料、煤电价格的不断上涨，产品成本不断增加，加上产能过剩，竞争激烈，产品销售价格不但没有调高反而下降，这使得本来销售利润很低的行业出现大面积亏损，造成全行业亏损（由于有非肥料产品的利润，故全行业统计口径上还没有反映出亏损）。氮肥价格的调高受到农民承受力的制约，而多年存在的氮肥价格不合理性问题也一时难以解决。如果长期亏损，企业承受不了，整个行业发展会受到很大影响。××企业原有业务布局分散，其产品结构如图 3.5 所示。

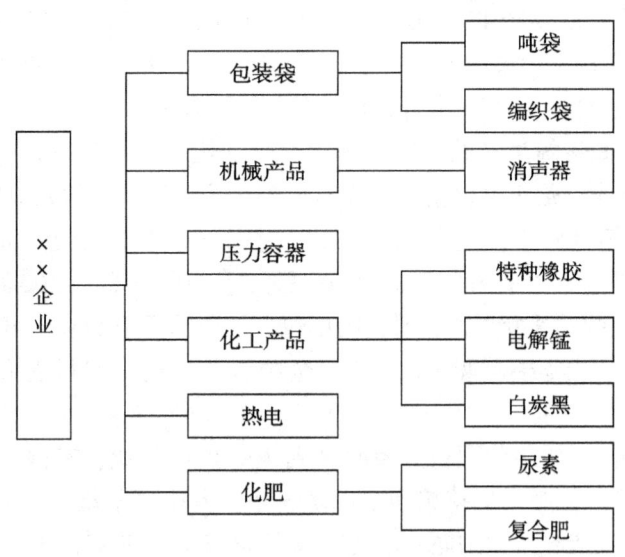

图 3.5　××企业产品结构

从图 3.5 中可以看出，企业产品过多，企业资源和业务分散。其产品结构和产业布局已不能支持××企业战略目标的实现，亟须明确自己的核心主业，调整产品结构和延长主产品链。国家也明确要求"调结构、转方式"是石油和化学工业发展的重要任务，也是氮肥行业重要任务、发展方向。氮肥企业的发展方式要从"量"的发展转变到"效益"的发展，产品结构要从"单一"向"多产品"调整。做长产品链、增加产品附加值、提高资源利用率是氮肥企业求得生存与发展的必由之路，否则在当前所面临的困难与压力下，企业就很难生存，而被淘汰。

××企业是以化肥（尿素）为主导产品的氮肥生产企业，初步统计，氮肥企业延长产品链，发展多产品的各种产品有近百种，各企业的产品链与多产品的形式各异。

延长产品链、发展多产品的类型。从部分企业开展情况看，其产品链的类型大体归纳为如下几种。

1. 以氨与氨加工产品延长产品链类型

①以氨加工成尿素然后延伸至三聚氰胺等。
②以氨加工成硝酸然后延伸至硝盐、硝基苯等。
③以氨加工成甲胺然后延伸至二甲基甲酰胺等。
④以氨为原料做纯碱、氯化铵、吗啉、乙胺等产品。

2. 以氢气、二氧化碳、一氧化碳等气体延长产品链类型

①以氢气加工成过氧化氢再延伸至其他产品等。
②以氢气加工成山梨醇再延伸至其他产品等。
③以二氧化碳加工成食品级 CO_2、碳酸丙烯酯、生物降解塑料等。
④以一氧化碳加工成甲酸、冰醋酸、甲醇钠等。

3. 以联产的甲醇产品延长产品链类型

①以甲醇加工成甲醛然后延伸至聚甲醛、乌洛托品、季戊四醇等。
②以甲醇加工成醋酸然后延伸至醋酸乙酯、醋酐、醋酸乙烯等。
③以甲醇加工成现代煤化工产品烯烃、芳烃、乙二醇、二甲醚等。
④以甲醇加工成其他化工产品。

4. 其他延长产品链类型

根据企业产品结构情况，如有磷酸、硫酸、烧碱、氯气资源等可以互为结合实施循环经济的发展。

三、××企业原产品竞争力分析

经过对××企业的生产销售数据分析，发现不同业务的发展规模、营利能力、价值贡献、竞争能力等都存在较大的差异，尤其是业务专业化和规模化程度制约了××企业部分业务竞争力的提升，且大多数业务处于亏损状态，存在主业和辅业不明晰、企业发展路径不明确等问题。

××企业正围绕"十一五"发展战略规划和目标，紧抓历史发展机遇，创造性地建设三大项目：一条设计规模为6万吨/年（一期建设规模为3万吨/年）的三聚氰胺生产线即将建成投产，既能延伸产品链又能增加现有产品的附加值；新上一套年产45万吨合成氨/80万吨尿素项目已开工建设，将扩大主业规模；一套年产20万吨氯碱合资项目（占49%股份）也已经开工建设，实施相关多元化战略。

根据××企业现有各业务状况和在建三大项目的业务情况，结合××企业发展战略和企业所拥有的资源禀赋、技术发展路径，采用GE矩阵分析模式，对各业务在所属行业内的竞争能力和行业吸引力分别进行分析，如图3.6所示。

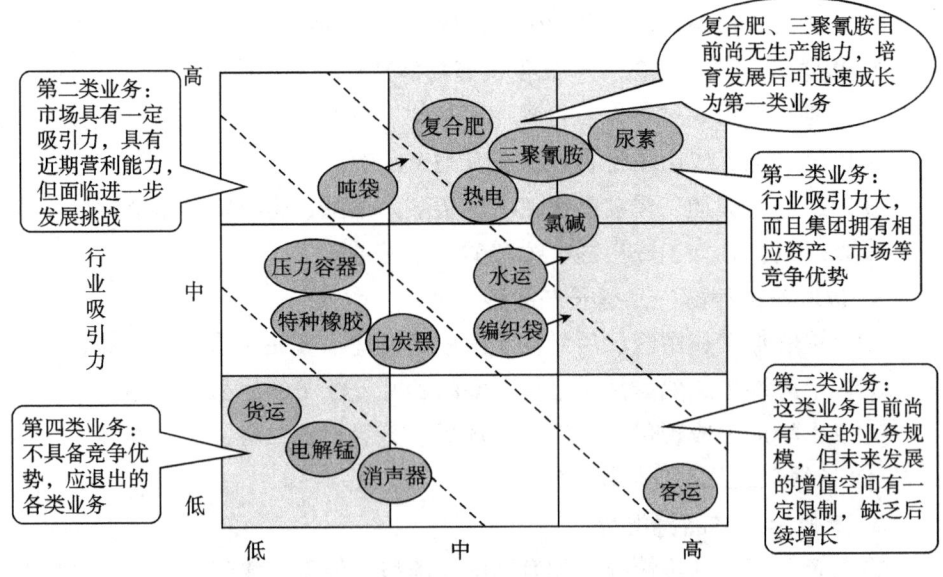

图3.6　××企业各业务在所属行业内的竞争能力

根据各业务的发展规模、营利能力、价值贡献、市场竞争能力等把其各业务分为以下4种。

第一类业务（核心业务）：化肥，市场前景广阔，有稳定的现金流和较强的市场竞争优势。

第二类业务（新兴业务）：三聚氰胺、柔性集装箱袋（吨袋）、水运（物流）。氯碱市场前景广阔，具有较强的营利能力，经过培育和投入，能够支持××企业快速成长，将培养成××企业的核心业务。

第三类业务（战略业务）：热电联供、复合肥（现在是贴牌生产），有较好的市场机会，在××企业内有较好的发展基础，有一定的生产规模，经过培育和投入，能够支持××企业快速成长，对××企业的发展具有重大意义。

第四类业务（边缘业务）：电解锰、消声器、货运、压力容器、白炭黑、特种橡胶，业务规模小，与主营业务联系不大，在××企业的销售收入中贡献度小。对这些业务，通过改制、主辅分离，降低运营成本，提高经济效益。

四、××企业平台化学品选择

通过以上综合分析，××企业应把尿素作为主导产品，其产品链规划如图3.7所示。

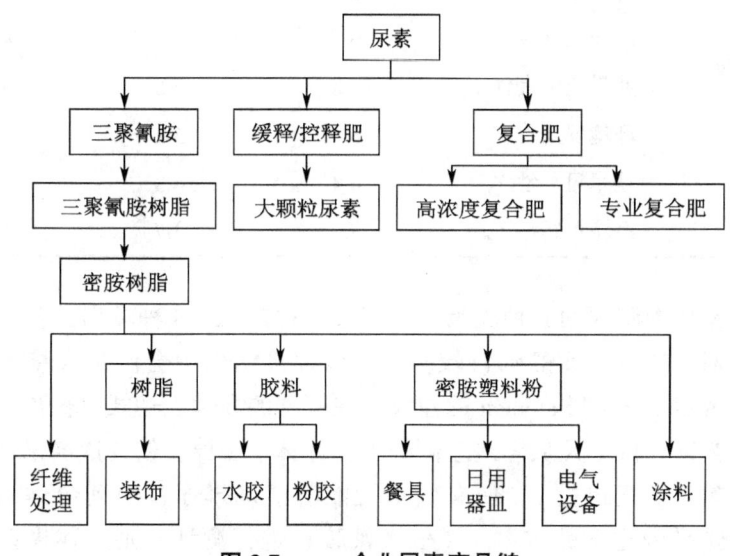

图3.7　××企业尿素产品链

本案例选取三聚氰胺、缓释/控释肥、复合肥3种产品（决策单元）作为平台化学品备选方案，设每个决策单元都有5种输入指标、8种输出指标，聘请专家（由公司总经理1人、总工程师2人、技术中心工程师3人、生产部工艺技术人员2人、集团公司2人组成）测评打分（采用7分法，1为最差表现，7为最好表现），分别对每个指标所打分数求其算术平均值，将所得结果作为评价系统的输入和输出数据，将数据填入表3.2中。

表3.2 输入指标和输出指标数据

	指标	三聚氰胺（DMU$_1$）	缓释/控释肥（DMU$_2$）	复合肥（DMU$_3$）
输入指标	战略发展目标 X_{1j}	6.5	4.2	5.1
	企业投资力度 X_{2j}	5.7	5.1	2.9
	人力投入力度 X_{3j}	3.6	6.4	4.8
	企业技术能力 X_{4j}	5.9	5.3	6.5
	市场需求和潜力 X_{5j}	6.8	2.8	4.7
输出指标	战略目标适应性 Y_{1j}	6.8	6.1	5.2
	资源可获得性 Y_{2j}	6.7	4.9	3.9
	设备场地匹配性 Y_{3j}	5.9	4.6	3.4
	产业互补性 Y_{4j}	6.1	6.5	4.5
	公共设施配套性 Y_{5j}	5.8	5.5	3.8
	环境安全性 Y_{6j}	6.5	5.1	6.3
	技术可行性 Y_{7j}	6.4	4.3	3.9
	经济可行性 Y_{8j}	5.2	5.7	6.1

因本案例中测评的3种决策单元都有5种输入、8种输出，输入与输出的总量相对于决策单元的数目较多，所以评价结果中会产生大量的有效单元。根据Andersen和Petersen的建议，在模型的数学表达式中做出相应的调整，即将当前评价单元从等式左侧的求和计算中去掉，使构成前沿面的有效单元的有效系数值超过1，使有效单元能够准确排序，得到合理结果。例如，对备选平台化学品方案1（三聚氰胺）进行测评，则上述模型相应地变为：

$$(D_{C^2R}) \begin{cases} \min \left[\theta - \varepsilon(\hat{e}^T S^- + e^T S^+) \right] \\ \text{s.t.} \sum_{j=2}^{3} \lambda_j x_j + S^- = \theta x_0 \\ \sum_{j=2}^{3} \lambda_j y_j - S^+ = y_0 \\ \lambda_j \geq 0, \ S^- \geq 0, \ S^+ \geq 0, \ j = 1, 2, 3 \end{cases} \quad (3.3)$$

将表 3.2 数据代入式 (3.3), 计算得到的具体结果如表 3.3 所示。

表 3.3 不同指标下的 DEA 评价结果

方案	原始结果	去掉 X_{1j}	去掉 X_{2j}	去掉 X_{3j}	去掉 X_{4j}	去掉 X_{5j}	去掉 Y_{1j}	去掉 Y_{2j}	去掉 Y_{3j}	去掉 Y_{4j}	去掉 Y_{5j}	去掉 Y_{6j}	去掉 Y_{7j}	去掉 Y_{8j}
DMU_1	2.37	2.37	2.37	2.37	2.37	1.85	2.37	2.37	2.37	2.15	2.37	2.37	2.37	2.37
DMU_2	1.98	1.98	1.98	1.66	1.98	1.98	1.98	1.98	1.71	1.98	1.98	1.98	1.98	1.98
DMU_3	1.73	1.52	1.73	1.63	1.73	1.73	1.73	1.73	1.73	1.73	1.73	1.73	1.73	1.63

根据表 3.3 的评价结果可以看出，平台化学品方案 1 的综合评价结果最好，处于第 1 位，其综合评价值高于其他两种方案，从方案的综合评价来说，对于××企业选择平台化学品，应首先选择平台化学品方案 1 来实施，其次考虑选择平台化学品方案 2 来实施，不推荐选择平台化学品方案 3。在方案 1 中，输入指标"市场需求和潜力"对其影响较大，输出指标"产业互补性"的优势较大；在方案 2 中，输入指标"人力投入力度"对其影响较大，输出指标"设备场地匹配性"的优势较大；在方案 3 中，输入指标"战略发展目标"对其影响较大，输出指标"经济可行性"的优势较大。

五、××企业产品链延伸方案

第一条产品链是发展三聚氰胺，第二条产品链是发展缓释/控释肥料，第三条产品链是发展复合肥。通过上述平台化学品选择的 DEA 评价分析，××企业化工产品链延伸应主要沿三聚氰胺向下延伸，三聚氰胺作为一种重要的氮杂环有机化工原料，经过加工后成为三聚氰胺树脂，三聚氰胺树脂作为一种基础化工原料可以深加工为涂料、餐具、日用器皿、电器元件、装饰板等，用途非常广泛。

发展精细化工，向下游延伸化工产品链，几乎成为众多化工企业特别是大型企业制订发展规划时的必然选择（尹永晶，2003）。现今基础化工产业已高度成熟，营利物流减小，精细化工已被认为是化工企业新的经济增长点。基础化工企业借助平台化学品向精细化工领域适度延伸产品链，是化工行业发展的大势所趋，其关键是要根据市场需求和技术条件，并结合企业所处市场环境和自身的资源禀赋，选择好一个适合企业发展战略的平台化学品。

采用数据包络分析（DEA）方法，从数学模型的角度对平台化学品选择方案进行综合评价，企业根据自身实际，结合平台化学品的特点，选择适合的平台化学品。

随着企业地位、发展阶段、市场需求、经营战略目标及科学技术的发展变化，平台化学品也应及时进行更新与转换。

通过调查与研究分析，氮肥行业延长产品链发展多产品的工作在"十二五"期间就有了一个较好基础，有相当一批企业在做好合成氨、甲醇节能减排的同时开展了延长产品链、发展多产品的工作，并取得了较显著的成效。

对延长产品链、发展多产品的建议如下。

①从调查与研究分析来看，氮肥企业延长产品链、发展多产品对企业提高经济效益和竞争力是十分有效的途径。各氮肥企业在做好安全生产、节能降耗、环保治理工作的同时，要把延伸产品链、发展多产品作为一项重要任务来抓，这也是贯彻国家"十三五"规划转变发展方式与供给侧改革的指导思想。因此不仅要从思想上加以重视，更要在具体措施上加以落实。

②开展延伸产品链、发展多产品的工作，要配备一定数量的专业技术人员，专职进行此项工作，不断跟踪收集国内外各种有关产品的生产产量与市场需求、生产技术进展与科研动向，并加以综合整理与分析，提出产品发展的规划与意见。

③要十分关注一些产品链新技术与市场发展动向，目前应关注的有如下一些动向。

a. 车用尿素溶液的开发与应用。该产品是纯度极高的水溶液，添加在汽车柴油中使用，它既可清理汽车废气中氮氧化物达到国Ⅳ标准，有环保效果，又可节油 5%~7%，具有较好的经济性，因此是一项十分有价值的新产品，目前还在产品开发与试用阶段，一旦各方面条件（生产、包装、运输等环节）具备，这对尿素企业来说是开拓了一个广阔的市场，也是解决尿素产能过剩的有效措施。

b. 甲醇汽油的开发与应用。随着汽车工业的发展，汽油消费在逐年增加，而我国原油产量不够，需大量进口，因此随着油价的高价位，以甲醇燃料取代汽油已越来越显得必要。现在山西、陕西、河南、浙江等省都开展了甲醇汽油的开发与应用（试点）工作，一旦成功，将大大解决甲醇产能过剩的问题。

c. 尿素醇解法合成碳酸二甲酯的开发与应用。碳酸二甲酯（DMC）是近年来颇受国内外重视的新型"绿色"化工产品，同时也是一种性能优良的汽油和柴油添加剂，其应用前景极为广阔，但受现有生产方法成本较高因素的限制。而由尿素和甲醇直接合成碳酸二甲酯的新技术（尿素醇解法），可使碳酸二甲酯生产成本大幅降低，同时该工艺基本无"三废"产生，是"绿色"生产技术。目前，该技术已处于工业试验阶段，一旦成功，对延长尿素产品链、提高尿素产品的价值十分有益。

d. 其他相关的新技术与市场动向。例如，炼油生产中过氧化氢氧化脱硫新工艺取代普遍使用的高压加氢脱硫工艺，用过氧化氢原位氧化法制环氧丙烷的新工艺，用过碳酸钠制备低磷或无磷洗涤剂等。随着国家对河湖流域污染治理的加强，将对过碳酸钠的发展及对双氧水产品的发展带来广阔的市场。

④选择产品要考虑企业的自身条件与当地资源及经济发展情况，尽可能优先采用：a. 资源综合利用型，如利用生产过程排放的废气（尾气）作为原料生产的产品：CO_2 做食品级 CO_2、H_2 做过氧化氢、硝酸尾气做亚硝酸钠与硝酸钠；b. 起点高、技术含量高并具有附加值高的精细化工、生物化工等新产品；c. 具有潜在市场的、有发展前景的化工产品等。

⑤对拟要上的产品，要组织人员充分做好项目前期工作，对产品的国内外市场（目前与今后）、技术（各种工艺路线）、原料（来源供应情况）、相关产业政策等做好详细专题调查研究，并进行项目可行性研究，然后再确定项目。对有一定条件的大中型企业，建议组建产品研发中心，对自行选定产品加以研究开发，研究出自己的核心技术，也可以选择一些还未工业化但有潜在发展前途的新产品与相关科研、高等院校联合研发，以提高企业技术创新能力。

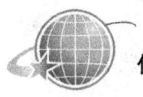

⑥对氮肥企业在"十三五"期间延长产品链、发展多产品实施产品结构调整的项目,建议政府在国家财政中,设立产业结构调整专项费用,鼓励支持企业加快结构调整,并在金融、资金、税收政策等方面给予扶持,促进企业产品结构调整的进程。

总之,我们要转变发展方式,从追求规模化的扩能增产、单一氮肥产品,向延伸产品链、开拓多产品的方向发展,从规模到品质、从单一到多元,加快创新步伐、提高技术水平、提升产品档次、增加产品附加值,使企业在"十三五"期间通过产品结构调整,提高经济效益,取得健康的发展。

第四章

基于纵向一体化的化工产品链延伸研究

本章通过 Hart-Tirole 模型的扩展和延伸，分析了不确定性条件下产能过剩行业的纵向一体化动机、条件及影响，得出了一些新的结论：当下游企业间规模和成本差异不大时，完全一体化会出现；在不确定性条件下，上游产能过剩为上下游企业纵向一体化创造了动机，该动机随并购成本下降而增加；纵向一体化的排斥效应将导致上游过剩产能退出市场，退出的可能性随上游企业单位产品投资成本的增加而增加。

第一节 Hart-Tirole 模型简介

Hart 和 Tirole（1990）将产生纵向一体化的不完全市场与交易费用节约两个关键因素结合起来，提出了 Hart-Tirole 模型。该模型并不把上游和下游厂商限定为一个特殊的契约安排，而是允许厂商在纵向一体化和非纵向一体化两种情形下进行选择，试图分析供应稀缺和需求不足（即市场不确定性）条件下纵向一体化如何改变上游市场和下游市场的竞争性及纵向一体化排斥效应的产生条件等。

Hart-Tirole 模型的分析基于 4 个主要假设：①市场上分别存在两个潜在的上游厂商和两个下游厂商，两个上游厂商以固定的边际成本生产同质的中间产品，下游厂商将中间产品一对一地以 0 边际成本转化为最终产品，并在最终产品市场上竞争，且其产品完全可替代。②上游厂商的边际成本相对于下游厂商的边际成本 0 高，以至于如果下游厂商购买了上游厂商生产的中间产品，下游市场价格的纳什均衡就是这两个厂商都采用市场出清的价格。③古诺均衡是唯一的。④不同厂商的边际收益相对于另一厂商的产出是凸性的。

Hart 和 Tirole 认为，需求不足或供应稀缺可能导致上下游企业合并以确保产品市场份额或投入品供应，结果是合并掠取了独立上游或下游企业的利润份额，过度掠取可能导致其退出市场。

Hart-Tirole 模型的博弈过程包括事前（Ex ante）和事后（Ex post）两个阶段。①事前阶段是指在不确定被解决前实施的纵向一体化和产业专用的投资决策。这里的不确定性是二维的：一是厂商事前不知道哪种中间产品在事后适合用于交易。模型采用了 Grossman 和 Hart（1986）的分析方法，假设事前缔结完备契约的成本太高，唯一影响事后行为的方法就是对这些资产的剩余索取权进行分配。二是厂商可能并不知道哪一个边际成本结构会胜出，但它们知道最低成本与最高成本区间的累积分布函数。Hart-Tirole 模型的事前博弈包括两个步骤：第一步，厂商决定是否实施纵向一体化。由此就会出现 4 种可能的市场结构：一是非一体化，4 个厂商都独立生产；二是一个上游厂商与其中一个下游厂商一体化，而另一个上游厂商和另一个下游厂商保持独立；三是另一个上游厂商与另一个下游厂商一体化；四是两个上游厂商分别与其中的一个下游厂商一体化，市场呈现完全一体化结构。第二步，厂商决定投资或者退出。在第一步完成后，上游厂商和下游厂商将进行产业专用的投资：对于上游厂商来说，要么是 0，要么是某一个定数 I；对于下游厂商来说，要么是 0，要么是某一个定数 J。投资 I 或 J 意味着该厂商能够在事后阶段进行交易，反之则不能进行交易并因此而退出。在一体化条件下，进行投资的成本可以在一体化的厂商之间内部化，如果每个厂商都进行了投资，那么该产业的市场结构就是上述 4 种类型中的一种。此外，如果其中的一个上游厂商和一个下游厂商一体化的目的是让其他的下游厂商、其他的上游厂商或者两者都退出市场，这就存在一个事前垄断的可能性。②事后阶段是指不确定性得到解决，可能出现讨价还价和再谈判的阶段。该阶段的博弈包括 4 个步骤：第一步，不确定性的解决，在事后阶段的初期，各方都知道了用于交易的产品及其生产这些产品的上游边际成本；第二步，各方面提出契约及接受契约，上下游厂商就交易多少中间产品达成契约；第三步，上游厂商确定产量和下游厂商进行支付；第四步，下游最终产品市场进行竞争。

Hart 和 Tirole（1990）还讨论了上述模型的 3 种变体，分析了不同条件下的纵向一体化动机。①变体 1：称为事后垄断，主要分析的是：一个上游厂商与一个下游厂商为了减少其向竞争对手的下游厂商供给而实施一体化，从而至少垄断一部分的下游市场。此外，上游厂商和下游厂商的一体化动机也可能是为了解决相互的承诺问题而确保彼此的交易。在这种条件下，相对有效率的上游厂商是一体化的主要对象，而未一体化下游厂商是一体化的直接受害者。②变体2：称为稀缺需求，主要分析下游厂商的需求相对于上游厂商的生产能力而言较为不足时，一个上游厂商通过一体化可能是为了确保下游厂商购买其产品，而不是从其他上游厂商那里购买。在这种条件下，相对有效率的下游厂商将是一体化的主要对象，而未一体化的上游厂商是一体化的直接受害者。③变体3：称为稀缺供给，主要分析当上游厂商生产相对于下游厂商需求存在产能不足时，此时一体化的动机是确保上游厂商把稀缺的资源供给它的下游合作者而非竞争者。规模较大的上游厂商会成为一体化的主要对象，而未一体化的下游厂商是一体化的直接受害者。

尽管Hart-Tirole模型的假设、结论并不十分符合我国钢铁、石化行业现状，但它为不确定性条件下产能过剩的纵向一体化问题进一步研究提供了新的视角，为振兴我国钢铁、石化产业提供了新的思路：将市场上存在的潜在上游厂商和下游厂商分别扩展到3个，通过专有特定投资、上下游企业纵向一体化，可以节约投资成本，减少寻租行为，提高投资效率，消除上下游企业利益冲突，实现利润共享，并可淘汰落后的过剩产能。

第二节 产能过剩的纵向一体化模型

一、产能过剩

前些年，伴随着我国经济的持续快速增长，钢铁、石化工业也取得了长足发展，产业规模、产品产量和综合实力不断提高。但随着全球金融危机的蔓延和加深，国内外需求下降导致钢铁、石化生产持续下滑，价格大幅下降，企业库存大增，效益骤减，生产经营普遍陷入困境，发展形势十分严峻。企业在行业快速发展中盲目投资、低水平扩张，加之一些地方政府又热衷于上新项目、大项目，导致产能过剩的问题一直没有得到根本解决，再加上国际金融危机的影响，进一步加剧了供大于求的矛盾，产业链纵向结构不协调问题越来越严重，已危及到了我国钢铁、石化工业的可持续发展。产能过剩不仅阻碍了中国工业生产领域的可持续发展，更加剧了整个经济体系的

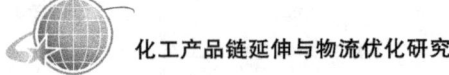

系统风险,而市场退出障碍是导致产能过剩长期存在且难以化解的重要原因。产能过剩行业普遍存在的市场退出障碍具体表现为落后产能淘而不汰、兼并重组流于形式、地方政府直接干预企业的退出、债权银行救济"僵尸企业"阻碍市场退出4个方面。要防范和化解产能过剩必须消除现有市场退出障碍,并建立起有效的市场退出机制。

随着国际市场需求萎缩和国内经济增速放缓,中国的产能过剩已从相对过剩和部分行业、产品过剩转变为全局性与绝对性的过剩。统计数据显示,中国24个重要工业行业中有19个行业出现不同程度的产能过剩,除钢铁、水泥、电解铝、石化、平板玻璃、船舶等传统行业外,光伏设备、风电设备、LED等新兴产业也出现了严重的产能过剩。同时,不但低端产品产能过剩,而且大部分行业高端产品也出现比较严重的过剩,如十大类钢材品种中,只有镀锌板、棒材和钢筋达到合理产能利用率,其他钢材产品,尤其是型材、中厚板、热轧宽带钢等高端产品的产能已是严重过剩。根据国际经验,当工业产能利用率低于81%时,将出现较严重的产能过剩,而中国工业领域2012年的产能利用率仅为57.8%,与81%的标准相距甚远,同时也远远低于中国自1978年以来工业产能利用率72%~74%的平均水平。自2008年金融危机后,工业行业产能过剩已成为影响中国经济可持续发展的重要障碍。产能过剩不仅导致恶性竞争、价格持续低迷、库存积压高等,增加了工业行业结构调整、产业升级的困难,而且加大了中国经济体系的系统风险。一方面,出现大量的重复建设和过剩产能,投资效率明显下降,导致目前的"中国模式"已经失去原动力,尤其是早前为应对金融危机,中国向实体经济投入大量流动性,虽在短期内提振了经济,却并没有刺激有效投资,资本集中流向过剩行业和部分新兴产业,助推产能过剩在工业生产领域全面爆发;另一方面,金融和财政领域的风险正在持续积累,在严重产能过剩冲击下,大量"僵尸企业"的出现导致银行体系面临数额庞大的坏账、死账,金融体系的信贷风险将会凸显,与此同时,地方政府融资平台债台高筑,特别是地方隐性债务的泛滥,也在不断加剧财政领域的系统性风险。

从经济学理论角度来看,"产能过剩"这种状态并不稳定,追逐利润最大化的企业会在陷入亏损时理智地退出市场,经过市场动态调节,市场供求关系最终会达到新的平衡。发达市场经济国家的实践也证实了这一点,因为市场竞争机制能够有效淘汰缺乏竞争力的产能,所以"过度进入""过度竞争"等过剩状态并不会持续很久;某种程度上,在完善的市场经济条件下,

第四章
基于纵向一体化的化工产品链延伸研究

供给适度大于需求是市场竞争机制发挥作用的前提，有利于调节供需，促进技术进步与管理创新。但在中国的实践中，产能过剩却俨然已成为行业发展常态，无形的市场之手并没有发挥应有的调节功能，过剩产能鲜有真正退出市场，相反，仍有大量资本盲目且积极地流向产能过剩行业，有学者将其概括为"中国式"产能过剩。面对"中国式"产能过剩，不仅市场调节机制失灵，中央政府的宏观调控也是束手无策。自20世纪90年代末产能过剩问题首次出现至今，中国政府一直非常重视对过剩产能的抑制和调控，但均成效甚微，究其根本，还是在于惯用治理手段往往仅着眼于表象的"过剩"，无外乎采用限制产能新增量、加快落后产能淘汰、推动兼并重组等措施。而"中国式"产能过剩的主要成因还是体制方面的原因。长期以来，中国的产能过剩治理一直停留在"堵"和"疏"的层面，尚未涉及根源上的体制改革，故而治标不治本，很难实现防范和化解产能过剩的目标。在新一届领导人不断强调打造中国经济升级版的大背景下，化解产能过剩矛盾已经成为当前和今后一个时期转变经济发展方式、推进产业结构调整的重点工作，尤其是在以"去杠杆化""结构性改革""避免大规模刺激计划"为三大支柱的新经济增长计划下，经济增速放缓势必将会出现更严峻的产能过剩矛盾，寻找和制订行之有效的防范和化解产能过剩矛盾的措施并加以高效贯彻落实显得意义重大。通过对中国多个产能过剩行业的研究和比较分析认为，产能过剩行业普遍存在的市场退出障碍是导致市场调节和政府调控共同"失灵"的重要原因：一是由于存在市场退出的体制障碍，市场竞争机制无法发挥调节作用，过剩产能不能顺利退出市场，最终导致存量过剩成为常态；二是地方政府保护本地企业的内在动力十分强大，落后产能淘而不汰，兼并重组流于形式，"去产能化"遭遇重重阻碍。因此，要防范和化解产能过剩矛盾必须要消除现有的市场退出障碍，并建立起有效的市场退出机制。

传统煤化工产能过剩可以通过技术进步、产品升级、落后产能淘汰等方式得到较好遏制，其对经济社会的影响相对有限。但新型煤化工一旦产能过剩，带来的社会、经济、金融风险很大，必须引起足够重视。新型煤化工泛指以新型造气技术为龙头，耦合先进合成、净化、分离技术，生产石油替代产品的煤化工成套工艺。目前，新型煤化工主要包括煤制烯烃、煤制芳烃、煤制油、煤制天然气、煤制乙二醇这5个方向和路径。由于这些产品的国内缺口较大，刚性需求旺盛，且项目建设对地方经济的拉动作用明显，因此很受投资者青睐。最新统计显示，国内在建拟建的煤制烯烃（含进口或外购甲醇制烯烃，下同）总产能达 1600 万吨，煤制天然气项目总产能超过 1600 亿立方米，煤制油总产能达 2000 万吨，煤制芳烃项目总产能超过 300 万吨，煤制乙二醇总产能超过 800 万吨。根据规划，这些项目最迟将在 2017 年年底之前投产。参照示范项目及权威机构的评估，上述项目若全部实施，其总投资额将超过 1.54 万亿元，扣除 30% 资本金以外，需要从银行贷款或通过其他途径融资 1.08 万亿元。如果从项目的技术经济性分析，有些项目的前景并不明朗。以目前业内最看好的煤制烯烃为例，虽然相比国内石脑油路线有较为明显的成本优势，但与中东乙烷路线相比，中国煤制烯烃并无优势；若与正在兴起的北美地区天然气凝析液制烯烃相比，中国煤制烯烃还处于劣势。即便在国内，煤制烯烃也面临着重油催化热裂解制乙烯、碳四碳五综合利用制乙烯等技术路线的挑战。

若用全球视野看待煤制油、煤制芳烃、煤制天然气、煤制乙二醇等新型煤化工项目，也面临着产能过剩和竞争加剧的风险。与传统煤化工规模小、布局散、对当地经济社会影响较小不同，新型煤化工属技术、资金、资源密集型行业，大多被当地政府甚至国家列为重点工程。其投资额动辄几十亿元，甚至数百亿元，这些资金多以银行贷款为主，且配套建设了煤矿和铁路专用线、水源、电力等庞大的公用工程。一旦遭遇产能过剩无法实现预期盈利，甚至长期亏损，受影响的不仅仅是企业，还有当地经济、社会、银行、保险等各个领域，形成连锁反应，甚至可能因资金拖欠形成系统风险，引发严重后果。对此，国家应对新型煤化工进行顶层设计，尽快出台包括《煤炭深加工示范项目规划》等技术规范和文件，明确新型煤化工总体目标、技术要求、适宜发展的区位及阶段性规模，实施总量控制。考虑到地方政府对资源、布局、投资者实力、项目优劣性及项目对当地经济社会影响更深刻等事实，国家应将新型煤化工项目审批权下放给省级政府，由省级政府酌情批建，国家有关部门重点抓好总体规划、信息通报、总量控制、考核问责等工作。同时，有关方面要切实鼓励企业技术创新，给那些专注于煤炭清洁高效利用与转化技术研发的企业在信贷、投融资及项目审批等方面更多的支持与优先权，引导社会形成注重技术创新、有序扩大规模、理性投资上马新项目的良好社会氛围，防止新型煤化工陷入产能过剩泥潭，推动新型煤化工技术不断进步，行业健康有序发展。

多年来，产能过剩问题就像是挥之不去的梦魇，与中国化工行业的发展如影随形。现如今，全国化工行业 60%~70% 的子行业都存在产能过剩问

第四章
基于纵向一体化的化工产品链延伸研究

题,造成效益下降、资源浪费、能耗和污染增加等一系列严重问题。为何产能过剩问题成为化工行业发展的顽症痼疾?主要存在内、外两个方面的原因。从内因来看,首先是产业集中度低的问题突出,生产同一产品的企业数量过多。企业之间同台竞争,都把扩产能、上规模作为击败对手的"杀手锏",即使在行业产能过剩已经相当严重、国家出台了行业准入条件情况下,不少企业为了自保,也不得不无视市场、环境容量和资源的可承载能力,不断盲目新建扩建同类项目,使得行业同质化无序竞争进一步加剧,给行业带来灾难性影响。其次是不少企业技术创新能力较弱,缺乏深加工、差异化发展的途径,"千军万马过独木桥",产能过剩在所难免。由于研发投入不足,技术创新能力弱,企业难以形成"人无我有、人有我新"的差异化发展能力,大家都挤在一个狭小的产品空间里发展,往往造成产能过剩问题。由于行业的创新资源高效配置和综合集成能力较弱,同时企业、政府对自主知识产权保护不力,一旦有技术在工业化上取得突破,别的企业便会蜂拥而至上此项目,常常形成新的产能过剩。目前国内以企业为主体、市场为导向、产学研相结合的行业技术创新体系尚未完全建立,企业大多缺乏产品技术研发能力,技术研发主要由独立的科研院所承担。出于自身经济利益考虑,科研院所对其开发出来的产品技术对外转让往往是多多益善,并不考虑过多转让是否会造成这一产品产能过剩问题。在这方面国外的做法则不同,有些科研机构分离出部分人员带着技术专利兴办生产企业,卖产品而不卖技术;或者是带着技术专利到生产企业入股,对技术转让拥有控制权,避免技术过多转让而造成产能过剩损害自身利益。从外因来看,目前企业发展的外部环境还有不少不尽如人意的地方,助长了产能过剩问题的发展,如不少地方政府的 GDP 至上、争上化工项目的发展观念还在误导企业。上有政策,下有对策,直接结果就是加剧了产能过剩问题。在电石过剩产能的治理中,部分地方政府不严格执行电石行业准入政策,违规审批、备案新建项目;有的地方甚至违规批准新建明令淘汰的内燃炉。各地遍地开花的化工园区也有失控之势,竞相以优惠条件吸引企业上项目,成为产能过剩新的隐患。还有一些部门出台的淘汰落后产能政策,单纯以装置规模划线,逼迫企业不断扩大装置规模,变相造成产能过剩。由此可见,化工行业的产能过剩问题源头复杂,涉及面广,在新的一轮产能过剩治理整顿中,急需调结构,加大供给侧改革力度。

国内学界对于产能过剩问题的研究可以追溯到 20 世纪 80 年代,当时已有不少专家、学者就"重复建设""过度进入""过度竞争"等相类似的问题进行研究。21世纪以来，尤其是自"十一五"起，产能过剩问题日益突出，成为经济部门和学界关注的焦点之一，同时，对产能过剩这一经济现象的术语描述也发生了变化，"产能过剩"逐渐取代"重复建设""过度进入""过度竞争"等成为学术研究和各类政策文件中采用的主流术语。从文献资料看，虽然在经济术语的使用上有所变化，但上述几个术语基本指向同一经济现象，即投资形成的生产能力大大超过市场实际需求，出现严重的供求失衡，引发市场恶性竞争，价格持续低迷、企业效益下滑、边际投资收益递减、行业性亏损面扩大的现象。至于"重复建设""过度进入""过度竞争""产能过剩"等术语的概念区分，无论是学界还是经济部门，至今尚未有统一认识，不对"重复建设""过度竞争""产能过剩"等术语进行严格区分。

产能过剩矛盾本质上就是产业纵向组织不协调，出现的根本原因在于市场失灵与政府失灵并存，使企业在投资决策前无法获得或本身忽略了关于产业上下游供需关系未来变化的充分信息。信息缺乏或忽视使企业不能有效应对上下游市场不确定性。Williamson（1991）认为专用性投资与不确定性同时存在是企业纵向一体化的前提条件，钢铁、石化企业投资都存在专用性，加上市场不确定性的客观存在，必然使其具有纵向一体化动机。由于人们普遍存在的机会主义倾向、有限理性和环境的不确定性，事前不可能签订面面俱到的合约，只能签订不完全合约，而且"人们不可能在合约签订以前的阶段，就事先估计到所有有关的讨价还价行为"，从而使得上下游合约双方的专用性投资不可能达到最优水平，同时也使得上下游合约双方的谈判和执行变得更加困难。不完全合约理论认为产权的边界影响交易双方对专用性投资的激励，事前剩余控制权的安排会通过投资效率水平影响事后的盈余分配。所以某一方的资产越是专用于特定的合约关系中，他就越有动机实现纵向一体化而拥有另一方的资产，这是获取剩余控制权并将事前投资扭曲最小化的最好方法（Grossman，1986）。当专用投资在上下游双方的交易中很重要时，就会用纵向一体化代替现货市场的交易。Carlton（1979）指出大部分市场并不能精确地满足古典经济学效果：价格的快速波动使供给总等于需求，或者买者和卖者总能购买和出售它们想要的数量。Perry（1984）认为外生随机净需求导致投入品出现价格波动，买方与卖方固定数量契约的签订并不能规避因随机净需求引起的价格波动，因此生产同步的经济性为买卖方的纵向一体化创造了动机。Green（1974）假设投入品需求波动和价格刚性导致上下游公司间进行配给，即使纵向一体化具有来自于范围或规模的不经济性，足够严格的配给也将最终导致所有上下游企业一体化。McAfee 等（1994）认为企业在相对稳定的经济环境下容易选择长期契约，而在不可预测的环境下容易选择纵向一体化。

二、模型建立

为分析方便，对模型的基本假设如下。

①考虑 3 个潜在上游企业：U_1、U_2 和 U_3，3 个潜在下游企业：D_1、D_2 和 D_3（由 Hart-Tirole 模型的 2 个扩展到 3 个）。U_1、U_2 和 U_3 分别有给定产能 Q_1、Q_2 和 Q_3，假设 $Q_1 > Q_2 > Q_3$，规模经济使得 $C_1 < C_2 < C_3$（Hart-Tirole 模型假设 $C_1 = C_2$），上游产能过剩与市场不确定性同时存在：下游企业产能 $q_i(i=1,2,3)$ 小于上游企业单独供应量 $Q_i(i=1,2,3)$，上游总产能相对市场需求过剩，即存在 $Q_1 + Q_2 + Q_3 > q_1 + q_2 + q_3$。

②下游企业（具对称性）以完全替代的最终产品展开市场竞争，最终产品需求函数是 $q = D(p)$，其反需求函数为 $p = P(q)$。下游企业以固定边际成本 $c_i(i=1,2,3)$ 生产同样的最终产品，上游企业 1 单位中间产品被下游企业转变为 1 单位最终产品。U_i 只能兼并 D_i（因下游企业对称，这并不影响结论的一般性）。用 $I_i > 0$ 表示 U_i 的单位产品投资成本（因 $Q_1 > Q_2 > Q_3$，有 $I_1 < I_2 < I_3$），不考虑 D_i 的投资成本。不存在一体化情况下，3 家上游企业都投资，并假设非一体化企业一旦因竞争对手纵向一体化而亏损，就会退出市场。

③假定下游企业与每一个独立的上游企业谈判以购买其中间产品，并且 D_1 与 U_i 之间讨价还价独立于 D_2 与 U_i 之间的讨价还价。在 D_i 只面对 1 家上游企业讨价还价时，假定 D_i 将销售产品 q_i 所获总盈余 $\prod_i = P(q)q_i - c_iq_i$ 分配给该上游企业 $\lambda_1\prod_i$，剩余部分 $(1-\lambda_1)\prod_i$ 归 D_i。在 D_i 面对 2 家上游企业讨价还价时，假定 D_i 将销售产品 q_i 所获总盈余 $\prod_i = P(q)q_i - c_iq_i$ 分配给 2 家上游企业各 $\lambda_2\prod_i$，剩余部分 $(1-2\lambda_2)\prod_i$ 归 D_i。在 D_i 同时面对 3 家上游企业讨价还价时，假定 D_i 将销售产品 q_i 所获总盈余 $\prod_i = P(q)q_i - c_iq_i$ 分配给 U_1、U_2 和 U_3 各一部分 $\lambda_3\prod_i$，剩余部分 $(1-3\lambda_3)\prod_i$ 归 D_i。针对以上 3 种情况的上下游垄断竞争程度，很容易得到：$\lambda_1 > 2\lambda_2 > 3\lambda_3$，$\lambda_i$ 为上下游

企业之间的盈余分配系数，且 $0 < \lambda_i < 1$。

④纵向一体化不但可确保中间产品供应，对非一体化企业产生排斥效应，消除市场不确定性风险，还可以节约市场交易的销售、谈判等成本，降低由于不完备契约和要挟问题产生的交易费用，通过供应链合作和充分利用技术上的连续性降低生产成本，提高进入壁垒等。本模型重点讨论纵向一体化确保中间产品销售和对非一体化企业的排斥效应给企业带来的直接收益，同时也不忽略其他收益（将其他收益用 R 表示，这是对 Hart-Tirole 模型的扩展）。同时，纵向一体化可能导致管理负担加重、激励减弱、反垄断法律成本增加、企业灵活性降低等，这些将导致纵向一体化成本增加，用 E 表示。

基于以上假设，可以得到以下纵向一体化合并情形。

情形1：在非一体化情况下，D_i 同时面对3家上游企业讨价还价，下游企业总产能小于上游企业总产能，即 $q_1 + q_2 + q_3 < Q_1 + Q_2 + Q_3$。$U_i$ 从 D_1、D_2 和 D_3 各购买中获得盈余 $\lambda_3 \Pi_i$，其利润分配格局如下：

U_i：$U_i^{NI} = \lambda_3 (\Pi_1 + \Pi_2 + \Pi_3)$；

D_i：$D_i^{NI} = (1 - 3\lambda_3) \Pi_i$。

情形2：在部分一体化情况下（U_1 和 D_1 合并，U_2 和 U_3 不合并、不退出），U_i 从 D_2 和 D_3 各购买中获得盈余 $\lambda_3 (\Pi_2 + \Pi_3)$，其利润分配格局如下：

$U_1 - D_1$：$V_1^{FT} = \Pi_1 + \lambda_3 (\Pi_2 + \Pi_3) + (R - E)$；

U_2：$U_2^{PT} = \lambda_3 (\Pi_2 + \Pi_3)$；

U_3：$U_3^{PT} = \lambda_3 (\Pi_2 + \Pi_3)$；

D_2：$D_2^{PT} = (1 - 3\lambda_3) \Pi_2$；

D_3：$D_3^{PT} = (1 - 3\lambda_3) \Pi_3$。

此时，U_1 和 D_1 合并增加的收益是 $2\lambda_3 \Pi_1 + (R - E)$，这一合并减少了 U_2 和 U_3 的利润（D_2 和 D_3 所获得的盈余份额不变），它是过去 U_2 和 U_3 从 D_1 的购买中所获得的盈余份额，但现在由 U_1 和 D_1 共享。U_2 和 U_3 的利润减少可能导致其中之一退出（也可能同时退出），因存在 $C_1 < C_2 < C_3$ 假设，且上游总产能相对需求过剩，若 $U_3^{PT} = \lambda_3 (\Pi_2 + \Pi_3) < I_3 Q_3$，将首先导致 U_3 退出。

情形3：在部分一体化情况下（U_1 和 D_1 合并，U_2 不合并，U_3 退出），U_1、U_2 分别从 D_2、D_3 购买中各获得盈余 $\lambda_2 \Pi_2$、$\lambda_2 \Pi_3$，其利润分配格局如下：

$U_1 - D_1$：$V_1^{FT} = \prod_1 + \lambda_2(\prod_2 + \prod_3) + (R - E)$；

U_2：$U_2^{PT} = \lambda_2(\prod_2 + \prod_3)$；

U_3：0；

D_2：$D_2^{PT} = (1 - 2\lambda_2)\prod_2$；

D_3：$D_3^{PT} = (1 - 2\lambda_2)\prod_3$。

此时，因存在 $\lambda_1 > 2\lambda_2 > 3\lambda_3$，与情形 2 比较可以看出，$U_3$ 退出后，D_2、D_3 所获盈余有所下降，U_1、U_2 所获盈余有所增加。若 $U_2^{PT} = \lambda_2(\prod_2 + \prod_3) < I_2 Q_2$，将进一步导致 U_2 退出。

情形 4：在部分一体化情况下（U_1 和 D_1 合并，U_2、U_3 退出），U_1 自动供给 D_1（既然它们已合并）并通过谈判供给 D_2、D_3，D_2 和 D_3 只面对 1 家上游企业 U_1 讨价还价，形成上游完全垄断，其利润分配格局如下：

$U_1 - D_1$：$V_1^{FT} = \prod_1 + \lambda_1(\prod_2 + \prod_3) + (R - E)$；

U_2：0；

U_3：0；

D_2：$D_2^{PT} = (1 - \lambda_1)\prod_2$；

D_3：$D_3^{PT} = (1 - \lambda_1)\prod_3$。

此时，因存在 $\lambda_1 > 2\lambda_2 > 3\lambda_3$，可知 U_2、U_3 退出后，U_1 所获盈余进一步增加，而 D_2、D_3 所获盈余进一步下降。

情形 5：在部分一体化情况下（U_1 和 D_1 合并，U_2 和 D_2 合并，U_3 和 D_3 不合并、不退出），D_3 同时面对 3 家上游企业 U_i 讨价还价，U_i 从 D_3 购买中获得盈余 $\lambda_3\prod_3$，其利润分配格局如下：

$U_1 - D_1$：$V_1^{FT} = \prod_1 + \lambda_3\prod_3 + (R - E)$；

$U_2 - D_2$：$V_2^{FT} = \prod_2 + \lambda_3\prod_3 + (R - E)$；

U_3：$U_3^{PT} = \lambda_3\prod_3$；

D_3：$D_3^{PT} = (1 - 3\lambda_3)\prod_3$。

此时，与情形 1、情形 2 比较，因存在 $\lambda_1 > 2\lambda_2 > 3\lambda_3$，可知 U_3 所获盈余将大幅下降，由于 $C_1 < C_2 < C_3$，且上游总产能相对市场需求过剩，势必导致 U_3 首先退出。

情形 6：在部分一体化情况下（U_1 和 D_1 合并，U_2 和 D_2 合并，U_3 退出），D_3 仅面对 2 家上游企业 U_1 和 U_2 讨价还价，其利润分配格局如下：

$U_1 - D_1$：$V_1^{FT} = \prod_1 + \lambda_2\prod_3 + (R - E)$；

$U_2 - D_2$: $V_2^{FT} = \Pi_2 + \lambda_2\Pi_3 + (R - E)$;

U_3: 0;

D_3: $D_3^{PT} = (1 - 2\lambda_2)\Pi_3$。

此时，与情形 5 比较，因存在 $\lambda_1 > 2\lambda_2 > 3\lambda_3$，可知 U_3 退出后，U_1、U_2 所获盈余增加，而 D_3 所获盈余下降。

情形 7：在部分一体化情况下（U_1 和 D_1、D_3 合并，U_2、U_3 不合并、不退出），D_2 同时面对 3 家上游企业 U_i 讨价还价，其利润分配格局如下：

$U_1 - D_1 - D_3$: $V_{1-3}^{FT} = \Pi_1 + \Pi_3 + \lambda_3\Pi_2 + 2(R - E)$;

U_2: $V_2^{PT} = \lambda_3\Pi_2$;

U_3: $V_3^{PT} = \lambda_3\Pi_2$;

D_2: $D_2^{PT} = (1 - 3\lambda_3)\Pi_2$。

此时，与情形 1、情形 2 比较，因存在 $\lambda_1 > 2\lambda_2 > 3\lambda_3$，可知 U_1 所获盈余增加，而 U_2、U_3 所获盈余大幅下降。

情形 8：在部分一体化情况下（U_1 和 D_1、D_3 合并，U_2 和 D_2 不合并，U_3 退出），D_2 面对 2 家上游企业 U_1、U_2 讨价还价，其利润分配格局如下：

$U_1 - D_1 - D_3$: $V_{1-3}^{FT} = \Pi_1 + \Pi_3 + \lambda_2\Pi_2 + 2(R - E)$;

U_2: $V_2^{PT} = \lambda_2\Pi_2$;

U_3: 0;

D_2: $D_2^{PT} = (1 - 2\lambda_2)\Pi_2$。

此时，与情形 7 比较，因存在 $\lambda_1 > 2\lambda_2 > 3\lambda_3$，可知 U_3 退出后，U_1、U_2 所获盈余增加，而 D_2 所获盈余下降。

情形 9：在部分一体化情况下（U_1 和 D_1、D_3 合并，U_2 和 D_2 合并，U_3 退出），其利润分配格局如下：

$U_1 - D_1 - D_3$: $V_{1-3}^{FT} = \Pi_1 + \Pi_3 + 2(R - E)$;

$U_2 - D_2$: $V_2^{FT} = \Pi_2 + (R - E)$;

U_3: 0。

此时，与情形 8 比较，可知 U_3 退出后，若 U_2 和 D_2 从不合并转变为合并，将导致 U_1 所获盈余下降，U_2 所获盈余增加。

情形 10：在部分一体化情况下（U_1 和 D_1、D_3 合并，U_2、U_3 退出），D_2 只面对 1 家上游企业 U_1 讨价还价，其利润分配格局如下：

$U_1 - D_1 - D_3$: $V_{1-3}^{FT} = \Pi_1 + \Pi_3 + \lambda_1\Pi_2 + 2(R - E)$;

第四章 基于纵向一体化的化工产品链延伸研究

U_2：0；

U_3：0；

D_2：$D_2^{PT} = (1 - \lambda_1)\prod_2$。

此时，与情形8、情形9比较，可知 U_2、U_3 退出后，将形成 U_1 垄断上游市场局面，导致 U_1 所获盈余进一步增加，而 D_2 所获盈余进一步下降。

情形11：在完全一体化情况下（U_1 和 D_1、D_2、D_3 合并，U_2、U_3 被迫退出），其利润分配格局如下：

$U_1 - D_1 - D_2 - D_3$：$V_{1-3}^{FT} = \prod_1 + \prod_2 + \prod_3 + 3(R - E)$；

U_2：0；

U_3：0。

情形12：在完全一体化情况下（U_1 和 D_1 合并，U_2 和 D_2 合并，U_3 和 D_3 合并），其利润分配格局如下：

$U_1 - D_1$：$V_1^{FT} = \prod_1 + (R - E)$；

$U_2 - D_2$：$V_2^{FT} = \prod_2 + (R - E)$；

$U_3 - D_3$：$V_3^{FT} = \prod_3 + (R - E)$。

此时，无论对方是否一体化，U_1 和 D_1、U_2 和 D_2、U_3 和 D_3 都会热衷于一体化（完全一体化），因为它们合并后无论对方如何反应都会获益。

第三节 模型分析与启示

一、合并博弈分析

1. 假定合并是不可撤回的

如果 U_1 和 D_1 合并，U_2 和 D_2、U_3 和 D_3 也能瞬间通过合并做出反应。同时，我们假定 U_1 与 D_1 在合并决策上有先占优势，$U_2 - D_2$ 和 $U_3 - D_3$ 不可能先占 $U_1 - D_1$（由 Q_1、Q_2、Q_3 差异与 C_1、C_2、C_3 差异共同决定）。很明显，对 $U_1 - D_1$ 最坏的结果是 U_2 和 D_2、U_3 和 D_3 也合并（情形12），如果 $V_1^{FT} - (U_1^{NI} + D_1^{NI}) = \lambda_3(2\prod_1 - \prod_2 - \prod_3) + (R - E) > 0$，$U_1 - D_1$ 盈余因合并肯定上升，U_1 与 D_1 一定会合并。我们可以归纳得出：

若 $\lambda_3(2\prod_1 - \prod_2 - \prod_3) + R > E$，$U_1$ 与 D_1 一定合并；

若 $\lambda_3(2\Pi_1 - \Pi_2 - \Pi_3) + R < E$，$U_1$ 与 D_1 是否合并将依赖于 U_2、U_3、D_2 和 D_3 的反应。因存在 $Q_1 > Q_2 > Q_3$ 和 $C_1 < C_2 < C_3$ 而使得 U_1 占优，下游企业 D_i 对称，D_2、D_3 不可能优先选择与 U_2、U_3 进行合并。因此，如果 U_1 与 D_1 合并的收益 $\lambda_3(2\Pi_1 - \Pi_2 - \Pi_3) + R < E$，$U_1$ 与 D_1 将没有上述模型中的一体化动机。如果 U_1 与 D_1 不合并，U_2、U_3、D_2 和 D_3 也不会合并，这正是情形 1 所述情形，此时 U_1、D_1、U_2、D_2、U_3、D_3 均独立。

2. 如果 U_1 和 D_1 部分合并

① U_2 和 D_2 从不合并到转变为合并的所获收益（在 U_3 不退出情况下），由情形 2 和情形 5 可以得出：

若 $V_2^{\mathrm{FT}} - (U_2^{\mathrm{PT}} + D_2^{\mathrm{PT}}) = 2\lambda_3\Pi_2 + (R - E) > 0$，则 U_2 和 D_2 必选择合并；

若 $V_2^{\mathrm{FT}} - (U_2^{\mathrm{PT}} + D_2^{\mathrm{PT}}) = 2\lambda_3\Pi_2 + (R - E) < 0$，则 U_2 和 D_2 必选择不合并。

此时，只要 R 足够大或 E 足够小，在 U_3 不退出情况下，U_2 和 D_2 占优策略选择合并。

② U_2 和 D_2 从不合并到转变为完全合并的所获收益（在 U_3 退出情况下），由情形 3 和情形 6 可以得出：

若 $V_2^{\mathrm{FT}} - (U_2^{\mathrm{PT}} + D_2^{\mathrm{PT}}) = \lambda_2\Pi_2 + (R - E) > 0$，则 U_2 和 D_2 必选择合并；

若 $V_2^{\mathrm{FT}} - (U_2^{\mathrm{PT}} + D_2^{\mathrm{PT}}) = \lambda_2\Pi_2 + (R - E) < 0$，则 U_2 和 D_2 必选择不合并。

此时，只要 R 足够大或 E 足够小，在 U_3 退出情况下，U_2 和 D_2 占优策略均选择合并。

因此，不管 U_3 是否退出，只要 R 足够大或 E 足够小，U_2 和 D_2 占优策略均选择合并。

③在 U_2、U_3 均退出情况下，D_2、D_3 只面对 1 家上游企业 U_1 讨价还价，其利润分配格局正是情形 4 所述情形。

3. 如果 U_1 和 D_1、D_3 部分合并

① U_2 和 D_2 从不合并到转变为完全合并的所获收益（U_3 由不退出转变为退出情况下），由情形 7 和情形 9 可以得出：

若 $V_2^{\mathrm{FT}} - (U_2^{\mathrm{PT}} + D_2^{\mathrm{PT}}) = 2\lambda_3\Pi_2 + (R - E) > 0$，则 U_2 和 D_2 必选择合并；

若 $V_2^{\mathrm{FT}} - (U_2^{\mathrm{PT}} + D_2^{\mathrm{PT}}) = 2\lambda_3\Pi_2 + (R - E) < 0$，则 U_2 和 D_2 必选择不合并。

此时，只要 R 足够大或 E 足够小，在 U_3 由不退出转变为退出情况下，U_2 和 D_2 占优策略还是选择合并。

因此，不管 U_3 是否退出，只要 R 足够大或 E 足够小，U_2 和 D_2 占优策略均选择合并。

②U_2 和 D_2 从不合并到转变为完全合并的所获收益（在 U_3 始终退出情况下），由情形 8 和情形 9 可以得出：

若 $V_2^{FT} - (U_2^{PT} + D_2^{PT}) = \lambda_2 \Pi_2 + (R - E) > 0$，则 U_2 和 D_2 必选择合并；

若 $V_2^{FT} - (U_2^{PT} + D_2^{PT}) = \lambda_2 \Pi_2 + (R - E) < 0$，则 U_2 和 D_2 必选择不合并。

此时，只要 R 足够大或 E 足够小，在 U_3 始终退出情况下，U_2 和 D_2 占优策略均选择合并。

③在 U_2、U_3 均退出情况下，D_2 只面对 1 家上游企业 U_1 讨价还价，其利润分配格局正是情形 10 所述情形。

4. 在完全合并情况下

①若 U_1 和 D_1、D_2、D_3 合并，U_2、U_3 均必须退出，其利润分配格局正是情形 11 所述情形。

②若 U_1 和 D_1 合并，U_2 和 D_2 合并，U_3 和 D_3 合并，其利润分配格局正是情形 12 所述情形。

二、模型启示

在 Hart-Tirole 模型结论中，完全一体化（如果 U_1 与 D_1 占先合并，U_2 与 D_2 在完全一体化情形下比非一体化情形下更好）是不可能有的结果，不情愿完全一体化（如果 U_1 与 D_1 占先合并，U_2 与 D_2 在完全一体化情形下比部分一体化情形下更好）和被迫完全一体化（如果 U_1 与 D_1 占先合并，U_2 与 D_2 在完全一体化情形下比 D_2 退出情形下更好）却时有发生。Hart-Tirole 模型的这一结论并不理想，因为不情愿完全一体化和被迫完全一体化意味着这种一体化是建立在一种基础之上：U_1 与 D_1 的率先合并已经掠取了 $U_2 - D_2$ 的剩余，U_2 与 D_2 的跟随合并会有所改善，但并不能弥补所有损失。因此，不情愿完全一体化和被迫完全一体化并不是解决市场供需不确定性的最理想方式，会影响产业组织结构的健康发展。

本模型将上游供给者、下游购买者拓展到 3 个后却出现了可喜的结论：除了不情愿完全一体化和被迫完全一体化在一些情形下出现以外，完全一体化完全有可能出现。当下游企业间规模和成本差异不大以致 Π_1 与 Π_2、Π_3 差异不大，甚至相等时，U_i 与 D_i 合并的收益 $\lambda_3(2\Pi_1 - \Pi_2 - \Pi_3) + R > E$ 与 $\lambda_3(2\Pi_2 - \Pi_1 - \Pi_3) + R > E$、$\lambda_3(2\Pi_3 - \Pi_1 - \Pi_2) + R > E$ 完全可能同时出现，这时无论对方是否一体化，U_1 和 D_1、U_2 和 D_2、U_3 和 D_3 都会热衷一体化，因为它们合并后无论对方如何反应都会获益。这是解决市场供需不确定性的最佳方式，因为它暗示着：完全一体化使 $U_1 - D_1$、$U_2 - D_2$ 和 $U_3 - D_3$ 都获得相对非一体化的净收益，整个社会福利明显增加。若条件 $\lambda_3(2\Pi_1 - \Pi_2 - \Pi_3) + R > E$、$\lambda_3(2\Pi_2 - \Pi_1 - \Pi_3) + R > E$ 与 $\lambda_3(2\Pi_3 - \Pi_1 - \Pi_2) + R > E$ 不能同时满足，则 U_2 与 D_2、U_3 与 D_3 只能进行不情愿完全一体化或被迫完全一体化。

对于竞争性行业，有时纵向一体化并不是为了确保供应，也不存在排斥效应，纯粹是为了节约交易成本和提高效率，因此 $R > E$ 是很正常的。垄断性行业除了产业组织结构之外，在其他方面与竞争性行业大都具有共性，因此假定 $R > E$ 在一般情况下并不失合理性。若 $R > E$，从上面的博弈分析中可以发现在 U_1 与 D_1 合并情况下，U_2 与 D_2、U_3 与 D_3 的占优策略是选择合并。如果 Π_1 相对 Π_2、Π_3 足够大，或 R 足够大或 E 足够小，使得 U_1 和 D_1 合并的收益 $\lambda_3(2\Pi_1 - \Pi_2 - \Pi_3) + (R - E)$ 为正，则即使在 U_2 和 D_2、U_3 和 D_3 跟随的情况下 U_1 和 D_1 合并也会获得收益。若 $R < E$，当 Π_1 相对 Π_2、Π_3 足够大，使得 $\lambda_3(2\Pi_1 - \Pi_2 - \Pi_3) + R > E$，$U_1$ 与 D_1 一定合并；当 Π_1 与 Π_2、Π_3 之间的差异很小，U_1 与 D_1 也可能合并，下面讨论这种情况。

当 E 足够小，满足 $\lambda_3(2\Pi_1 - \Pi_2 - \Pi_3) + R > E$、$2\lambda_3\Pi_2 + R > E$（$U_3$ 不退出）、$\lambda_2\Pi_2 + R > E$（U_3 退出），U_1 与 D_1 及 U_2 与 D_2 都将合并，实现部分一体化；当 E 足够大，满足 $\lambda_3(2\Pi_1 - \Pi_2 - \Pi_3) + R < E$ 时，既没有合并，也没有退出（这正是情形 1 所述情形，此时 U_1、D_1、U_2、D_2、U_3、D_3 独立）。当 U_1 与 D_1 合并，$2\lambda_3\Pi_2 + R < E$（U_3 不退出）、$\lambda_2\Pi_2 + R < E$（U_3 退出），U_2 和 D_2 选择不合并，这说明 E 的变大后让 U_2 与 D_2 的跟随合并已无盈余所获 [U_3 是否退出取决于 $U_3^{PT} = \lambda_3(\Pi_2 + \Pi_3)$ 是否小于 I_3Q_3]，这说明 E 足够大后已使 U_2 与 D_2 已无跟随合并动机。

在 U_1 与 D_1、D_3 合并情况下，当 U_2 和 D_2 由不合并变为合并所增盈余 $2\lambda_3\Pi_2 + R > E$（U_3 由不退出变为退出）或 $\lambda_2\Pi_2 + R > E$（U_3 始终退出）时，U_2 和 D_2 选择合并；当 $2\lambda_3\Pi_2 + R < E$（U_3 由不退出变为退出）或 $\lambda_2\Pi_2 + R < E$（U_3 始终退出）时，U_2 和 D_2 选择不合并（U_3 是否退出取决于 $V_3^{PT} = \lambda_3\Pi_2$ 是否小于 I_3Q_3），这说明 E 足够大后已使 U_2 与 D_2 无跟随合并动机。

因此，纵向一体化的可能性和程度都会随 E 的增加而下降。

当 $I_3Q_3 > \lambda_3(\Pi_2 + \Pi_3)$ 时，只要有合并发生，上游过剩产能 U_3 就一定

退出市场；当 $I_3Q_3 < \lambda_3(\Pi_2 + \Pi_3)$ 时，即使有合并发生，过剩产能 U_3 也不一定退出市场。因此，在上游企业产能 Q_3 既定情况下，I_3 越大，I_3Q_3 就越大，U_3 退出市场的可能性就越大，说明纵向一体化（上下游企业合并）的排斥效应将导致上游过剩产能退出市场，退出的可能性随单位产品投资成本的增加而增加。

供给侧改革，化工产业要转型升级，需要采取各种严格有效的措施：一是实行产能总量控制，严控新上项目，尤其是产品供大于求的项目，要实行生产许可证制度。二是建立和完善行业准入条件，严把项目准入关。制定行业准入条件与产业发展政策，公布实施后抓落实和加强监管。三是加快发展方式转变。制定行业产业政策，提高准入门槛，防止复制拷贝和重复建设，淘汰落后产能，抑制产品过剩。同时以科技创新为驱动，开发一批新技术和新产品，努力推动我国化工产业从资源依赖型和粗放型发展向质量效益型与创新发展型转变。

第四节　模型推广

一、假设修改

为了使该模型更具一般性，增加模型的适用范围，我们将模型中分别有 3 个潜在的上游、下游企业调整为 m 个（$U_1, U_2, \cdots, U_m$）潜在上游企业、n 个（$D_1, D_2, \cdots, D_n$）潜在下游企业，原基本假设变为：

假设（1）：$U_1, U_2, \cdots, U_m$ 分别有给定产能 $Q_1, Q_2, \cdots, Q_m$，且 $Q_1 > Q_2 > \cdots > Q_m$，规模经济使得 $C_1 < C_2 < \cdots < C_m$，上游产能过剩与市场不确定性同时存在；下游企业产能 $q_j (j = 1, 2, \cdots, n)$ 小于上游企业单独供应量 $Q_i (i = 1, 2, \cdots, m)$，即 $q_j < Q_i$，上游总产能相对市场需求过剩，即存在 $\sum_{i=1}^{m} Q_i > \sum_{j=1}^{n} q_j$。

假设（2）：只是将下游企业的固定边际成本拓展为 $c_j (j = 1, 2, \cdots, n)$，$U_i$ 的单位产品投资成本拓展为 $I_1 < I_2 < \cdots < I_m$，其他假设不变。

假设（3）：将拓展为在 D_j 同时面对 m 家上游企业讨价还价时，假定 D_j 将销售产品 q_j 所获总盈余 $\Pi_j = P(q)q_j - c_jq_j$ 分配给 $U_1, U_2, \cdots, U_m$ 各一部分

$\lambda_m \Pi_j$，剩余部分 $(1 - m\lambda_m)\Pi_j$ 归 D_j，可以得到：$\lambda_1 > 2\lambda_2 > \cdots > m\lambda_m$，$0 < \lambda_i < 1$（$i = 1, 2, \cdots, m$）。

假设（4）：不变。

二、模型推论

基于以上假设修改，可以得到：在非一体化情况下，当 D_j 同时面对 m 家上游企业讨价还价，因下游企业总产能小于上游企业总产能，即 $\sum_{j=1}^{n} q_j < \sum_{i=1}^{m} Q_i$，$U_i$ 从 $D_1, D_2, \cdots, D_n$ 各购买中获得盈余 $\lambda_m \Pi_j$，其利润分配格局如下：

U_i：$U_i^{NI} = \lambda_m \sum_{j=1}^{n} \Pi_j$，$i = 1, 2, \cdots, m$；

D_j：$D_j^{NJ} = (1 - m\lambda_m)\Pi_j$，$j = 1, 2, \cdots, n$。

推论 1：在部分一体化情况下（U_1 和 D_1 合并，其余 $U_2, U_3, \cdots, U_m$ 不合并、不退出），U_i 从 $D_2, \cdots, D_n$ 各购买中获得盈余 $\lambda_m \sum_{j=2}^{n} \Pi_j$，其利润分配格局如下：

$U_1 - D_1$：$V_1^{FT} = \Pi_1 + (R - E) + \lambda_m \sum_{j=2}^{n} \Pi_j$；

U_2：$U_2^{PT} = \lambda_m \sum_{j=2}^{n} \Pi_j$；

……

U_m：$U_m^{PT} = \lambda_m \sum_{j=2}^{n} \Pi_j$；

D_2：$D_2^{PT} = (1 - m\lambda_m)\Pi_2$；

……

D_n：$D_n^{PT} = (1 - m\lambda_m)\Pi_n$。

此时，U_1 和 D_1 合并增加的收益为：

$$V_1^{FT} - (U_1^{NI} + D_1^{NJ}) = \Pi_1 + (R - E) + \lambda_m \sum_{j=2}^{n} \Pi_j -$$

$$\left[\lambda_m \sum_{j=1}^{n} \Pi_j + (1 - m\lambda_m)\Pi_1\right]$$

$$= (m - 1)\lambda_m \Pi_1 + (R - E)。$$

第四章
基于纵向一体化的化工产品链延伸研究

同时，这一合并减少了 $U_2, U_3, \cdots, U_m$ 的收益（$D_2, \cdots, D_n$ 所获得的盈余份额不变），它是过去 $U_2, U_3, \cdots, U_m$ 从 D_1 的购买中所获得的盈余份额，但现在由 U_1 和 D_1 共享。$U_2, U_3, \cdots, U_m$ 的利润减少有可能导致其中之一退出（也可能不止一个退出）。

如果在 U_1 和 D_1 率先合并情况下，U_2 和 D_2 跟随合并（其余 $U_3, \cdots, U_m$ 不合并、不退出）。U_1、U_2 分别自动供给 D_1、D_2（因 $\sum_{i=1}^{m} Q_i > \sum_{j=1}^{n} q_j$），$U_i$ 从 $D_3, \cdots, D_n$ 各购买中获得盈余 $\lambda_m \sum_{j=3}^{n} \Pi_j$，其利润分配格局如下：

$U_1 - D_1$：$V_1^{FT} = \Pi_1 + (R - E) + \lambda_m \sum_{j=3}^{n} \Pi_j$；

$U_2 - D_2$：$V_2^{FT} = \Pi_2 + (R - E) + \lambda_m \sum_{j=3}^{n} \Pi_j$；

U_3：$U_3^{PT} = \lambda_m \sum_{j=3}^{n} \Pi_j$；

……

U_m：$U_m^{PT} = \lambda_m \sum_{j=3}^{n} \Pi_j$；

D_3：$D_3^{PT} = (1 - m\lambda_m) \Pi_3$；

……

D_n：$D_n^{PT} = (1 - m\lambda_m) \Pi_n$。

与仅有 U_1 和 D_1 合并比较可以看出，U_2 和 D_2 跟随合并将导致 $U_3, \cdots, U_m$ 的收益进一步减少（$D_3, \cdots, D_n$ 所获得的盈余份额不变），U_1 和 D_1 合并增加的收益略有减少（不能从 D_2 的购买中获得盈余），这些减少的收益变为 U_2 和 D_2 合并后增加的共享盈余部分（若 $R > E$，还可获得节约交易成本和提高效率的收益）。因此，只要 U_2 和 D_2 跟随合并后增加的收益 $(R - E) + \lambda_m \sum_{j=3}^{n} \Pi_j > 0$，$U_2$ 和 D_2 就会有跟随一体化合并的动机。$U_3, \cdots, U_m$ 的收益进一步减少更有可能导致其中之一退出（也可能不止一个退出），随着一体化进程的推进、实施一体化合并企业数的增加，上游未实施一体化合并企业的收益将越来越少，从而加速上游过剩落后产能的退出。因 $C_1 < C_2 < \cdots < C_m$，且上游总产能相对需求过剩，若 $U_m^{PT} = \lambda_{m-1} \sum_{j=2}^{n} \Pi_j < I_m Q_m$ 将

首先导致 U_m 退出。

推论2：在部分一体化情况下（U_1 和 D_1 合并、U_m 退出，其余 U_2，U_3，$\cdots$，U_{m-1} 不合并、不退出），U_1，U_2，U_3，$\cdots$，U_{m-1} 分别从 D_2，$\cdots$，D_n 购买中获得盈余 $\lambda_{m-1}\sum_{j=2}^{n}\Pi_j$，其利润分配格局如下：

$U_1 - D_1$: $V_1^{FT} = \Pi_1 + (R - E) + \lambda_{m-1}\sum_{j=2}^{n}\Pi_j$;

U_2: $U_2^{PT} = \lambda_{m-1}\sum_{j=2}^{n}\Pi_j$;

……

U_{m-1}: $U_{m-1}^{PT} = \lambda_{m-1}\sum_{j=2}^{n}\Pi_j$;

D_2: $D_2^{PT} = [1 - (m-1)\lambda_{m-1}]\Pi_2$;

……

D_n: $D_n^{PT} = [1 - (m-1)\lambda_{m-1}]\Pi_n$。

此时，因 $\lambda_1 > 2\lambda_2 > \cdots > m\lambda_m$，则存在 $(m-1)\lambda_{m-1} > m\lambda_m$，与推论1比较可以看出，$U_m$ 退出后，D_2，$\cdots$，D_n 所获盈余有所下降，而 U_1，U_2，U_3，$\cdots$，U_{m-1} 所获盈余有所增加。说明在部分一体化且上游有企业 U_i 退出情况下，此时 D_j 自身不合并将减少所获盈余，而合并将增加其所获盈余，那么未一体化合并的 D_j 势必跟随寻求一体化合并；同时，上游过剩、低效产能退出后，将有利于上游产业整体效益的提高。

若 $U_{m-1}^{PT} = \lambda_{m-1}\sum_{j=2}^{n}\Pi_j < I_{m-1}Q_{m-1}$，将进一步导致 U_{m-1} 退出。其利润分配格局如下：

$U_1 - D_1$: $V_1^{FT} = \Pi_1 + (R - E) + \lambda_{m-2}\sum_{j=2}^{n}\Pi_j$;

U_2: $U_2^{PT} = \lambda_{m-2}\sum_{j=2}^{n}\Pi_j$;

……

U_{m-2}: $U_{m-2}^{PT} = \lambda_{m-2}\sum_{j=2}^{n}\Pi_j$;

D_2: $D_2^{PT} = [1 - (m-2)\lambda_{m-2}]\Pi_2$;

……

D_n: $D_n^{PT} = [1 - (m-2)\lambda_{m-2}]\prod_n$。

因 $\lambda_1 > 2\lambda_2 > \cdots > m\lambda_m$，则存在 $(m-2)\lambda_{m-2} > (m-1)\lambda_{m-1}$，与仅有 U_m 退出比较可以看出，U_{m-1} 被迫退出后，$D_2,\cdots,D_n$ 所获盈余进一步下降（将进一步增加其寻求一体化合并的动机），而 $U_1,U_2,U_3,\cdots,U_{m-2}$ 所获盈余有所增加。这说明上游潜在企业被迫退出的越多，即代表落后的、过剩的产能退出的越多，将提高留存下来企业的收益，从而更利于上游产业整体效益的提高。

综观推论1、推论2，在上游有 m 个潜在企业、下游有 n 个潜在企业的情况下，仍然可以推导得出纵向一体化能促进上游过剩的、落后的产能退出，且随着一体化进程的推进、实施一体化合并企业数的增加，上游未实施一体化合并企业的收益将越来越少，从而加速过剩的、落后的产能退出。上游落后的、过剩的产能退出，一方面增加下游未一体化合并的企业跟随寻求一体化合并的动机；另一方面将有利于上游产业整体效益的提高。上游潜在企业被迫退出的越多（即代表落后的、过剩的产能退出的越多），下游未一体化合并企业寻求一体化合并的动机就越强，上游留存下来企业的收益就越好，就越有利于上游产业整体效益的提高，从而达到调整优化产业结构的目的。该结果与上下游各包括3个企业的结果相一致，说明模型扩展后可以推广到更加一般的情形。

通过对"不确定性条件下产能过剩的纵向一体化模型"的研究，可以为振兴我国钢铁、石化产业（同样适用于具有相同特征的其他行业）提供全新的思路：通过提高上下游企业纵向一体化程度，利用纵向一体化的排斥效应淘汰过剩产能，并优先淘汰单位产品投资成本较大的落后产能（技术落后，能耗大、环境污染大），从而加快实现"调整产业结构、优化产业布局"的目标。

根据模型结论，不同的纵向并购成本会导致不同的纵向一体化程度，而政府政策对不同行业、不同企业纵向一体化的支持程度不同，也是影响纵向并购成本进而影响纵向一体化程度的一个重要因素。我国中央和地方所属大型企业纵向一体化程度高是因为政府鼓励它们合并，甚至通过强制性手段为它们开绿灯，在进行跨省跨地区并购上享有很强的政策优势，这大大降低了纵向一体化并购成本，因此其一体化程度高；而民营企业和地方中小企业因缺乏政府推动却面临高昂的纵向一体化并购成本，特别是跨省跨地区合并可能性极小，因此其一体化程度低。

模型假设"企业亏损即退出"，认为在市场不确定性条件下纵向一体化将导致部分过剩产能亏损并退出市场,但现实中可能是亏损却并不一定退出,原因是地方政府为拉动当地经济增长,从用地、税收、电价等方面给予优惠、鼓励,人为地降低了企业进入壁垒,抬高了退出壁垒。过低的进入壁垒加重了产能过剩,而过高的退出壁垒阻碍了纵向一体化对过剩产能的排斥,许多停产企业并没有退出市场,行情一旦好转就恢复生产,因此政府的行政干预产生的进入、退出壁垒不对称不但人为地加剧了产能过剩,而且使不确定性条件下纵向一体化对过剩产能的排斥效应难以发挥,亟须进一步完善市场退出机制。

三、模型建议

1. 扫清市场退出障碍,缓解产能过剩压力

为缓解工业生产领域日益突出的产能过剩矛盾,国务院于 2013 年 10 月出台了《国务院关于化解严重产能过剩矛盾的指导意见》(国发〔2013〕41号),该指导意见再一次强调了"加快落后产能淘汰""推进行业兼并重组"等治理措施,要求各地政府加快对现有过剩产能的梳理。但就目前产能过剩行业存在的问题而言,只有着手扫清这些市场退出障碍,才有可能确保该指导意见有效贯彻落实,具体可从以下 4 个方面入手。

(1) 改进落后产能淘汰方式,确保落后产能真正退出市场

当前产能过剩行业的落后产能淘汰工作存在大量"淘而不汰"的现象,为了确保落后产能真正退出市场,应该对现有落后产能淘汰工作进行改进。第一,科学界定"落后产能",改变以往以"规模大小"定义落后产能的标准,不仅应该将生产工艺水平、企业运行效率和管理水平等纳入落后产能界定中,还应引入能耗和环保标准,并分行业制定,同时严格执行强制性能源限耗额标准和污染物排放标准。第二,改变落后产能淘汰工作的执行方式,将企业的能耗和环保评价标准与税费征收相结合。例如,开征梯度环境税,并将该税种纳入省级单位财政收入,强化省级政府淘汰落后产能的动力,从而促进具体工作的落实;再如,设定差别水价和差别电价,收费标准直接与企业能耗和环保评价标准挂钩。需要注意的是,企业能耗和环保等级的评定工作必须客观、公正,应该由独立的第三方机构进行,可以引入行业协会或社会团体对其进行评定,或是"异地评定"的方式,即由不同地区的环保部门交叉对管辖区的企业进行评定。第三,建立有效的激励机制,将淘汰落后产能工作的完成

情况纳入地方官员的政绩考核体系中，或是直接将辖区企业的能耗情况、排污情况加入地方政绩考核中，从而激励地方政府加快淘汰落后产能。

（2）依靠市场力量推动行业兼并重组，实现产业真正升级

产能过剩行业盛行"增量重组"，行政干预下的兼并重组往往流于形式，要改变这一状况，就必须减少行政干预，让位于市场力量进行资源配置。第一，地方政府应减少行政干预，避免出现以税收优惠、低价土地或提供政府担保等方式促成企业兼并重组的非理性行为，否则，所谓"兼并重组"很可能成为新一轮产能扩张的借口。第二，大力支持行业内优势企业跨地区整合过剩产能，地方政府应积极配合企业协调解决跨地区兼并遇到的地区间分配问题，减少因地区间经济竞争而导致的兼并重组障碍，如在财税分配方面，可以尝试企业兼并重组后仍维持原纳税渠道不变；探索建立跨地区并购的税收分成、产值分开统计制度，从而弱化地方政府阻碍跨地区兼并重组的动机。第三，重视企业兼并重组后的企业内部资源整合，鼓励企业实施"减量重组"，抓住兼并重组机遇加快技术升级和产品结构优化，从而真正达到压缩过剩产能的目标。第四，鼓励和引导非公有制企业通过参股、控股、资产收购等多种方式参与企业兼并重组，支持和培育优强企业发展壮大，提高产业集中度，增强行业发展的协调和自律能力。

（3）建立退出补偿机制，加快过剩产能退出

在中国当前各项体制不健全的情景下，产能过剩行业大范围的企业退出势必将引发一系列社会问题，因此应建立退出补偿机制，以避免大批产能退出市场可能引发的严重后果，同时也对过剩产能和地方政府形成一定的退出激励。需要特别强调的是，建立退出补偿机制并不是为了救助企业，而是出于社会效益、环境效益等方面的考量，所以，退出补偿机制"补偿"的对象应落实到失业人员安置上，而非企业投资人或债权人。在建立退出补偿机制时应加强对补偿资金的监管，补偿资金应严格用于失业人员的职工赔偿、就业指导、职业培训、创业指导和创业培训等方面。对于退出补偿资金的筹集，建议可以从以下两个渠道进行：一是由中央财政进行补贴（也可以是中央财政与地方财政共同补贴），即由政府来承担一部分企业退出后的社会责任；二是借鉴日本产业发展经验，在行业协会组织下以行业为单位设立"企业退出补偿基金"，由业内在位企业共同出资对退出企业进行退出补偿。

（4）实施差别化信贷政策，纠正信贷资源错配

对于产能过剩行业的筹融资活动，银行应积极响应《国务院办公厅关

于金融支持经济结构调整和转型升级的指导意见》(国办发〔2013〕67号)的要求,对过剩行业的实际情况实施差别化信贷政策。而差别化信贷政策顺利实施的首要条件是提高银行的信息收集能力和识别能力,银行应该在对产能过剩行业的现状、发展前景等进行全面、深入了解后,再结合企业本身的实际情况(包括对企业的生产工艺、产品质量、营销渠道、经营管理、财务状况等全方位的考察)对企业信贷申请做出科学决策。由于银行和企业间存在较大的信息不对称问题,故而在识别行业和企业真实情况时,银行可以考虑寻求第三方(如行业协会、行业主管部门、其他业内企业)支援,组织专业人员和相关领域专家对企业及项目进行充分论证,谨慎做出是否授信的决策。根据不同类型企业,银行信贷政策应该区别对待。对于仍然有竞争力、有市场、有效益的企业,要继续给予资金支持;对能够进行产业整合的企业,采取包括定向开展并购贷款等方式给予支持;对于落后产能、违规产能,要严禁提供任何形式的新增授信。当然,差别化信贷政策顺利实施的另一个重要条件是银行作为金融市场主体能够独立决策,不受地方政府的行政干预。为了增强对地方政府干预的抵御能力,各金融机构应积极转变经营模式,形成多元化的营利模式,不再受制于传统的主要通过存、贷利差营利的单一模式。

2. 加快各项体制改革,建立和完善市场退出机制

中国共产党第十八届中央委员会第三次全体会议通过的《中共中央关于全面深化改革若干重大问题的决定》中对中国目前存在的严重产能过剩问题提出,要"强化节能节地节水、环境、技术、安全等市场准入标准,建立健全防范和化解产能过剩长效机制",同时要"完善发展成果考核评价体系,纠正单纯以经济增长速度评定政绩的偏向,加大资源消耗、环境损害、生态效益、产能过剩、科技创新、安全生产、新增债务等指标的权重,更加重视劳动就业、居民收入、社会保障、人民健康状况"。可见中央对于化解产能过剩的思路已出现改变,不再单纯地依靠政府调控对"过剩"进行治理,而是从"治本"的角度,通过对现有市场体制进行完善,实现运用市场机制治理产能过剩的目标。而要"建立健全防范和化解产能过剩长效机制",建立和完善市场退出机制是一个重要方面,因为只有保证市场退出渠道的畅通,市场机制才能充分发挥作用,具体可从以下4个方面入手。

(1) 改进财税制度和官员晋升制度,弱化地方政府行政干预动机

自2003年至今,中国政府机构改革一直围绕着政府职能转变进行,经

第四章 基于纵向一体化的化工产品链延伸研究

济职能不再是机构改革唯一关心的核心,"服务型政府"成为重要取向。但多年实践证明,在现有财税制度和官员晋升制度下,地方政府一直有着强烈动机去干预市场竞争,仅政府组织机构的改革还不足以彻底实现政府职能转型。在市场退出障碍的问题上也是如此,只有从根本上弱化地方政府干预市场退出的动机,改进财税制度和官员晋升制度,市场退出机制才可能建立和完善。改进财税制度方面,财税分配应向地方增收倾斜,要逐渐增加属于地方税的税种和提高共享税的地方政府分成比例,使其与地方事权相匹配,同时还应促进地方财政透明化与民主化,凡涉及政府补贴、税收优惠或返还、提供优惠贷款等行为,都应该公开公示。在改革官员晋升体制方面,政绩考核评价指标的设定应该体现政府经济职能转变,强化其公共服务职责,应加大民生(如失业率、城乡居民收入水平、城乡收入差距、农村和城市贫穷人口比率、社会保障覆盖率等)和生态环境(如水资源污染程度、良好天气比率、城市绿化率等)方面的导向力度,并重视地区创新活力(如新技术产业化率、人均专利发明数量等),同时政绩考核还应该加入公众意见,确保民众的参与权。

(2)完善相关法律制度,实现企业有序退出

要实现企业有序的市场退出,相关法制建设至关重要。首先,应完善相关环境保护立法,并加强环保执法力度。尽快明晰公民的公共环境权益,借鉴国际经验立法设定有关碳排放权、排污权的法律权益,并制定支持公民就健康、经济损失等向污染责任企业追索赔偿的法律条款,落实污染环境行为的法律责任,从而杜绝部分地方政府放松环境监管以保护落后产能免于退出的行为。其次,应继续完善《企业破产法》,将企业破产行为纳入法制轨道。一方面要增强法院在企业破产过程中的主导作用,确保企业破产程序在法制框架下进行;另一方面也要确认行政权在企业破产中的界限,将政府行政干预也纳入法制监管范围,从而有效规范政府行为。此外,还应积极探索和扩大现有破产法律的适用性,既要有适用于所有企业破产的"普通程序",又要有适用于中小企业的"简易程序",还要有适用于极少数情况下的"特别程序"。为保障破产案件审理的专业性,还应加快培育破产管理人队伍,加强对相关执法人员的专业培训。

(3)推进要素市场改革,实现资源有效配置

推进要素市场改革,改变现有土地、金融、生态环境等资源的低效配置现状,能够从根源上杜绝地方政府和债权银行对企业退出的干预。具体而

言：第一，明晰生产要素产权，加强产权保护和管理。中国大量生产要素，尤其是稀缺资源（如土地、矿产等）的所有权虽归国家所有，但实际控制权却在地方政府手中，要改变这一现状，首先应该建立一套包括产权界定、产权流转、产权保护的现代产权制度，不仅要重点对国资委掌握的企业资产、银保监会和证监会掌握的国有金融资产及国土部门掌握的国有土地和矿产资源进行现代产权改革，更应该将改革范围扩大至生态环境领域，这对有效治理污染企业和淘汰落后产能意义重大。第二，推动要素价格改革，建立生产要素价格的市场形成机制，逐渐放开政府对资源性要素的价格管制，引导市场主体通过竞争取得资源，使资源价格能够真实反映市场供求关系和稀缺程度。特别地，针对产能过剩行业的市场退出障碍，国资委、发展改革委要加强对地方政府低价甚至免费转让生产要素行为的监控管理，并对已存在的生产要素价格扭曲进行逐步更正，如补交土地出让金，补交水、电费差价等。第三，推进金融市场改革，实现金融资源的有效配置。金融市场改革的重点是要进一步推进利率和汇率市场化改革，逐步让位市场来进行金融资源配置，实现金融资源的最优配置。同时，还应加快金融机构改革，硬化银行预算软约束，并明确金融业准入、退出方面的规定和规则，促进金融市场高效竞争，从而增强金融机构抵御政府不当干预的能力。

（4）加快社会保障制度建设，消除企业退出的后顾之忧

加快社会保障制度建设，能够消除企业退出的后顾之忧，也能削弱地方政府阻碍企业市场退出的动力，对建立畅通的市场退出渠道意义重大。具体可从以下几方面入手：一是要加快社会保障立法。中国除了1953年颁布的《劳动保险条例》可视为社会保障立法外，还没有一部规范的社会保障法，虽制定出台了许多规定和条例，但已与市场经济发展形势不相适应，加快社会保障立法刻不容缓。为此，建议尽快出台《社会保障法》《社会保险法》《社会救助法》《社会福利法》等社会保障基本法律，确保社会保障制度的改革、运行和管理有法可依。二是要加大财政投入与转移支付的力度，并积极拓展社保基金的其他筹资渠道。政府应尽快形成针对社会保障制度的稳定财政拨款增长机制，同时还应开发和拓宽其他筹资渠道，如将社会保障基金与资本市场有机结合，委托职业基金经理人进行资本操作，确保资金增值；扩大社保基金债券、社会基金、彩票发行规模；开征社会保障税等措施。三是要统筹城乡发展，改变社会保障体系重城市轻农村的局面，扩大失业保险、最低生活保障的覆盖范围，确保惠及农民工等弱势群体。

第五章
化工产品链物流布局优化研究

化工行业是典型的链式生产行业,其产业链长,产品关联度高,输入的初始原材料有限,但原料路线和生产方法的多样化造成了产成品种类繁多,大概有3万种,产品结构呈倒金字塔结构,每一种产品可以由很多种方法和原料生产得到,从几十种到上百种,不一而足。相同的原料在不同的生产条件下可生产出不同产品,原料和产品的关系错综复杂。因此,化工产品链的系统分析和管理,尤其是化工产品链的优化对化工行业产业结构调整、可持续发展显得非常重要,成为摆在各个化工企业面前的重大问题。本章首先基于平衡计分卡研究化工项目的综合评价,在此基础上进一步研究化工产品链的多目标优化和物流布局优化。

第一节 化工项目评价

一、平衡记分卡的基本框架

在过去10多年里,平衡计分卡在理论方面有了极大的发展,在实践领域也得到了越来越多公司的认可。目前在 Fortune 世界500强中有80%的企业都在应用平衡计分卡,并且取得了极大成功。《哈佛商业评论》更是把平衡计分卡称为75年来最具影响力的战略管理工具,在庆祝创刊80周年评选"过去80年来最具影响力的十大管理理念"的活动中,平衡计分卡名列第二(普利文·古塔著,方海萍译,2005)。随着企业改革的不断深入,绩效评价越来越受到管理层的重视。平衡计分卡应用推广也在国内产生了较大的影响,有众多专家、学者、企业界人士在讨论平衡计分卡的推广与应用问题，研究平衡计分卡的学者也由最初的管理会计领域发展到人力资源管理领域、战略管理领域。

平衡计分卡指的是从客户、学习和成长、财务及内部流程这4个角度将企业的发展战略目标进行落实，摆脱了传统的财务会计的模式和手段，是一种新型的绩效考核的管理工具。平衡计分卡内容很明确，就是在一定时间内，根据企业的战略目标，制定并且实现企业要完成的任务。平衡计分卡还能够帮助领导者掌握企业发展战略的动向，从而为企业的长久发展制定相应的绩效考核战略决策，这样就能够有效地激励员工的工作热情和积极性。

化工行业多属于连续生产工种，属流程型行业，其生产工艺复杂，不同的化工产品其化学工艺路线不同；相同的化工产品采用不同的原料其生产工艺路线也不同；即使采用同一原料，其生产工艺也不尽相同。化工行业的产品及原辅材料品种复杂，许多都具有易燃、易爆、高挥发性、腐蚀性强、有毒有害等特性，化工企业存在的潜在环境风险要比其他行业严重，物料及产成品的任何闪失、任何差错不仅会严重影响企业的运作及生产的正常秩序，而且将造成严重的环境风险。化工行业排放的"三废"成分复杂，处理难度大，环境污染危害大。

化工项目一般具有以下特点：①建设周期长、投资大；②工艺流程复杂；③操作状态高温高压、低温高压；④具有强烈的腐蚀性、剧毒性和易燃、易爆性；⑤工程建设涉及的专业多，工程量计量花费的时间多；⑥环境污染大。

化工项目的这些特点使得我们在对化工项目评价及选择时，不能仅仅从财务收益角度考虑，更要慎重考虑化工项目对环境的影响、对社会的影响及化工项目本身的可持续发展情况。

利用平衡计分卡体系从不同的角度来组织公司的目标，可以大大改进公司的战略管理架构。一般来说，企业最通用的4个角度是：财务、客户、内部运营、学习/成长（Maris，1999）。使用平衡计分卡的起始步骤是高级管理层确定公司战略并把其转化为具体的商业目标。设定财务目标时，管理层必须考虑到企业的内外环境，思考哪些财务目标最适合公司的战略。设定客户目标时，管理层应该首先确定公司的目标市场，然后就目标市场的价值定位取得一致。财务目标和客户目标设定后，管理层应该明确要实现这两个目标，公司的内部运营流程需要达到什么样的效果，尤其是重点关注那些能够在财务和客户方面达到突破绩效的最关键流程。学习/成长目标则体现了中国一句谚语的精髓：以人为本，强调人是管理中最基本的要素，人是能动的，在管理过程中以人为出发点和中心，围绕着激发和调动人的主动性、积极性、创造性展开，以实现人与企业共同发展；个人目标与企业目标是可以协调的，将企业变成一个学习型组织，可以使得员工实现自己的目标，在此过程中，企业进一步了解员工使得企业目标更能体现员工利益和员工目标；以人为本的管理要以人的全面发展为核心，人的发展是企业发展和社会发展的前提。平衡计分卡的基本框架（秦杨勇，2006）可以用图5.1来表示。

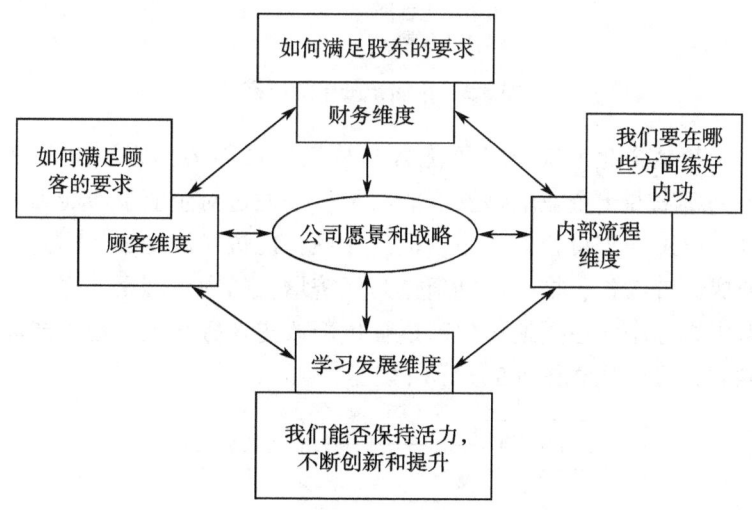

图 5.1　平衡记分卡的基本框架

不难看出，平衡计分卡的上述4个维度实际上是相互支持的：为了获得最终的财务绩效，必须要有良好的市场表现，关注于顾客；为了获取市场，必须在市场运营上做一些改善；为了获得有效的内部运营，员工必须能够不断地学习与发展。通过上述4个维度寻求有效平衡（Robert Kaplan，2000），如图5.2所示。

平衡计分卡把战略置于中心地位，将组织力量集中在战略目标上，使战略在组织上下进行交流和学习，并使战略运作达成一致。平衡计分卡评价体系是一种综合的绩效评价体系，它克服了单一财务指标存在的缺陷，融合了财务和非财务绩效评价指标，实现了企业短期目标与长期利益的平衡，把企业的战略目标转化为一系列相关的、具体的、可以测度的绩效评价指标，并把各个部门的战略与企业战略紧密地联系起来（Noorein，2000）。

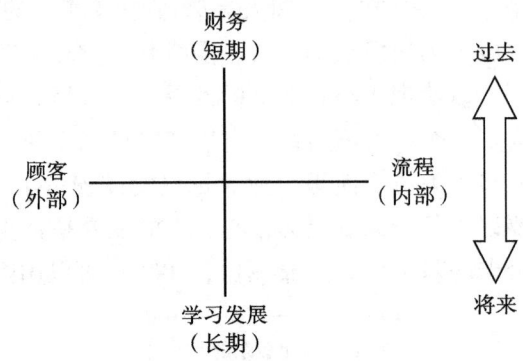

图 5.2 平衡记分卡的平衡

技术创新是企业为获取竞争优势和持续发展能力而采取的一种战略行为，技术创新来源于企业战略发展的需要，并通过对企业学习能力和业务流程的改进，反过来支持企业战略，提高业绩，促进经济增长。因此，将财务业绩代换成经济增长，把技术创新作为经济增长的内生因素，嵌入到平衡记分卡模型中去：企业主要通过生产过程创新改进业务流程，通过产品创新提高学习能力，可以建立图 5.3 所示的模型。

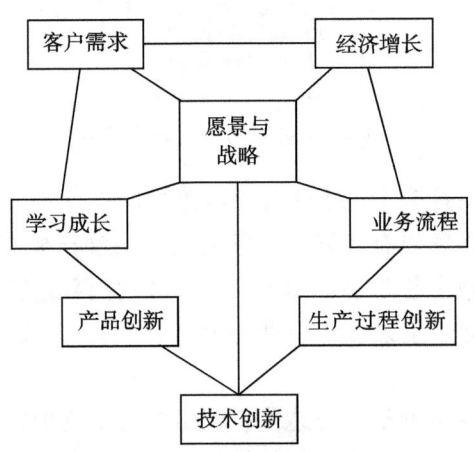

图 5.3 技术创新—经济增长模型

图 5.3 所构建的技术创新—经济增长模型，把技术创新作为经济增长的内生变量，反映了技术创新源于企业战略、支持企业战略的核心思想。基于图 5.3 的模型，一方面可以在理论上分析技术创新与经济增长各维度指标之

间的关系；另一方面可以借助于该模型，从战略的高度加强对技术创新过程的规划、控制和管理，有效地降低技术创新的风险，避免技术创新的盲目性，减少技术创新对资源的过度消耗，提高技术创新的成功率，使技术创新服务于企业战略而不是侵蚀企业战略，提高企业绩效，促进经济增长。

在反映战略绩效的 4 个维度即财务业绩、客户需求、业务流程、学习成长之间，存在复杂的非线性的因果关系回路，其中的主导关系是：学习成长支持业务流程，业务流程支持客户需求，客户需求支持经济增长，经济增长支持业务流程和学习成长，客户需求引导学习成长。为了表达技术创新与经济增长诸要素之间的动态关系，可以建立如图 5.4 所示反映技术创新—经济增长内在机制的系统动力学模型。

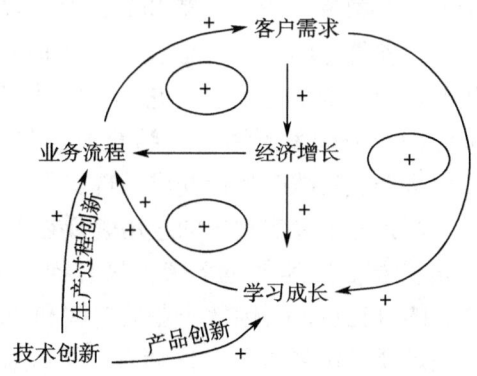

图 5.4　技术创新—经济增长的系统动力学模型

在图 5.4 中，技术创新主要通过产品创新直接作用于学习成长，通过生产过程创新直接作用于业务流程。当企业处于较为稳定的发展时期时，技术创新主要通过生产过程创新对企业业务流程进行持续改进，推动"业务流程—客户需求—经济增长—业务流程"回路的运转，实现企业经营业绩的提高，促进经济持续快速增长。当企业处于市场变革时期时，技术创新主要通过产品创新提升企业市场学习能力，推动"学习成长—业务流程—客户需求—学习成长"回路的运转，培养企业的市场开拓能力，使企业较快地完成市场转换调整过程，步入新的生命周期。当企业处于财务危机时期时，技术创新主要通过产品创新提升企业财务学习能力，推动"学习成长—业务流程—客户需求—经济增长—学习成长"回路的运转，培养企业的财务应急能力，使企业能够迅速改善不利的财务状况，回到健康的运营轨道中来。可见，技术创新并不是完全为了促进经济增长，有时是为了适应市场需求，有时又是为了解决财务危机，等等。

技术创新与经济增长之间的关系，可概括为一种复杂的非线性关系：技术创新促进经济增长，经济增长要通过提高企业战略绩效来实现，而企业的战略绩效状况又是技术创新得以成功实施的先决条件，即经济增长又反过来加速技术创新，两者相互依赖、相互促进，构成一种良性互动的循环关系。

二、平衡记分卡的绩效标准和应用条件

1. 平衡记分卡的绩效标准

经济全球化席卷了各个国家，我国改革开放以来，经济大踏步地发展，企业的数量一夜间在各个省份急剧增加。对于企业数量的增加，企业管理也在不断摸索中，因此平衡计分卡应运而生。它不但构建了企业的整体框架，更是将企业的人力资源同企业的发展紧密地结合在一起，扩大了企业的规模。平衡记分卡的应用将企业的战略目标变成了现实，对企业的内部机制做了一个有效的测评。平衡计分卡在实践中的应用表现在以下几个方面。

① "顾客角度"的分析。顾客就是上帝，只有拥有顾客，企业才能继续发展，才能体现企业的真正价值，因此企业的口碑和产品的好坏都要经得起顾客的评价。企业一定要对市场进行一次调查，从顾客的角度着手分析，企业产品不能闭门造车，产品的类型要适应顾客的需求。顾客的态度要及时反馈到企业中来，以此来改变和面对瞬息万变的市场。企业应该及时地去了解顾客对于企业的态度，要提升企业在顾客心里的地位和形象。

② "内部流程"分析。内因起决定作用，外因起推动作用，因此在企业的管理中，企业内部的因素是至关重要的，它决定了企业的兴与败、荣与衰。企业高层对企业的管理、员工对企业的热爱、工人对企业的忠实等都是内部流程因素之一，内部流程起到决定作用，它的反映直接表现在市场上面。

③ "学习与创新角度"分析。任何企业的发展都需要不断创新，不断改进自己的技术、设备及员工观念等。学习在整个过程中是不能停止的，一个企业想做大做强，在市场竞争中立于不败之地，必须学会学习。从古到今的学习、从自我到他人的学习、从朋友到竞争对手那里学习等都会让企业领悟到一些知识。当然，学习中还要不断学会创新，创新是发展企业的第一要

素，企业要在同行中脱颖而出不是靠机器的先进，更不是靠金钱的多少，而是靠观念的创新，靠不断的研发，创新可以让企业做得更强，让企业立于不败之地。

④"财务角度"分析。财务直接决定了一个企业的步伐，可以说企业的每一步都需要财务在后面强大的支持。对于财务的管理和规划是需要专业人员来负责的，财务管理得好，对于企业经营来说就是一个强大的后台支柱。因此对于平衡记分卡的使用来说，一定要做到企业的收入、支出、企业资本的负债率、资金的流动率等做到详细的统计，一目了然。从财务状况可以直接反映出企业的运行情况及未来发展的方向。

2. 平衡记分卡的应用条件

平衡记分卡是通过客户满意度、财务状况、企业内部流程及企业在生产中的学习与创新4个方面来评价和支撑的。平衡计分卡把企业的战略目标及战略进度等一些宏观的理念细微化、制度化，然后细分委派到每个员工身上，使得企业的计划可以得到实现。战略目标比较难把握，只有把它细化到可衡量的地步才可以得到切实的实施。还有就是企业有自己设置的目标，企业中每个个体也都有自己相对应的目标，两者是互相结合的，个体的目标是实现企业目标的基础。要合理避免企业战略目标、业务部门目标、个人绩效考核目标之间的矛盾，在必要的时候对企业战略进行分解、细化，将企业战略同部门战略和个人绩效相联系。在战略的具体实施过程中，应该做好监督和控制，对战略实际操作过程中遇到的问题应该及时解决，随时对目标体系进行调整。疏通信息反馈渠道，完善信息反馈机制，根据企业的内外部环境变化，做出合理的调整方案。建立一套完备的考核体系，充分发挥平衡计分卡的衡量作用，提升企业的竞争力。在使用平衡计分卡的同时，一定要做好评价工作，对于不同部门、员工的表现进行系统的评估。

企业要成功应用平衡记分卡，克服以上障碍，应从以下方面去努力。

①获得高层主管支持。高层主管主导实施平衡记分卡是成功的必要条件。在我国，企业战略的制定通常依靠高层主管的洞察力和直觉，因此，我国大多数企业要想成功实施平衡记分卡，需要高层主管全力支持，并带动管理团队将企业战略和目标具体落实到基层，使企业上下协同配合，让所有员工都充分理解并参与战略的执行工作。

②注意沟通和反馈。在使用平衡记分卡时，要利用各种沟通渠道，让各层管理人员知道企业的愿景、战略、目标与业绩衡量指标，通过沟通了解员

工对平衡记分卡衡量指标的意见,以便修正指标和企业战略。

③与企业的激励机制挂钩。企业中每个员工的职责虽然不同,但使用平衡记分卡会使大家清楚企业的战略方向,有助群策群力,也可以使每个员工的工作更具有方向性,从而增强员工的积极性和责任感。为了充分发挥平衡记分卡的实施效果,必须和奖励制度挂钩,使企业的每个层次、不同部门员工的注意力集中在各自的工作业绩上,最终实现企业的战略目标。只有这样,平衡记分卡才具有现实意义。

④与企业的预算结合起来。预算是实现企业战略目标的有效手段。优秀的企业,一般都具有积极、先进的财务计划、业务计划和预算编制体系。从表面上看,预算的编制费时费力,但随着企业信息系统的完善,这些问题将得到解决。预算包括运营预算和战略预算。通过运营预算,企业确定为维持现有的生产和客户所需花费的成本;通过战略预算,将企业的战略目标分解为具体的企业各期的预算任务,再分解落实到每个部门和个人,形成切实可行的战略部署。

⑤企业的战略目标能够层层分解,并能够与部门、班组、个人目标达成一致,其中个人利益能够服从企业的整体利益。如果说战略目标不能分解或者企业没有能力分解,则无法利用平衡计分卡这一工具。

⑥平衡计分卡的4个维度之间存在明确的因果驱动关系,如果找不到它们之间的关系,只能简单僵化地把企业分为4类,则发挥不了应有的效果。

⑦企业内部与实施平衡计分卡相配套的其他制度比较健全,包括财务核算体系的运作、内部信息平台的建设、岗位权责划分、业务管理及与绩效考评相配套的人力资源管理的其他环节等。

三、化工项目综合评价模型

项目选择的第一个基本原则就是符合发展战略,企业的战略是通过项目来实施的,每一个项目都应和企业的发展战略有明确的联系,将所有项目和企业的战略方向联系起来是企业成功的关键。从企业战略角度出发,将化工项目综合评价分为4个维度,即经济效益、顾客需求、内部运营、学习与发展。图5.5反映了这4个维度复杂的系统动力学机制。

结合化工企业项目层面的战略重点,进行系统动力学机制分析:学习与发展维度为设定其他3个维度的宏大目标提供了基础架构,是驱使平衡计分

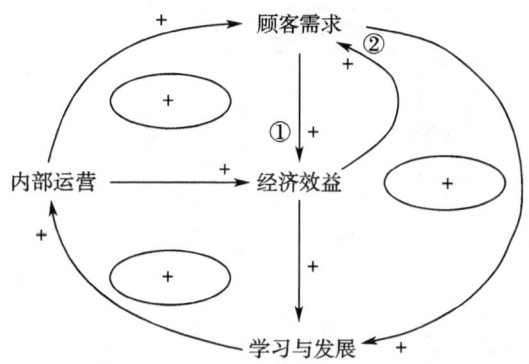

图 5.5　化工项目综合评价的系统动力学机制
①财务效益角度；②社会及环境效益角度

卡其他 3 个维度获得卓越成果的动力，学习与发展不能带来直接的经济效益增长，只能通过与企业战略、内部组织能力的相关性间接影响经济效益；通过学习与发展，项目团队管理能力得到增强，成员跨部门协同能力得到加强，项目科研人员技能得到提升，项目团队成员工作、学习积极性提高，这使得项目内部组织能力得到改善和加强，产品质量更有保证，工艺技术更先进，创新能力得以提升；项目内部组织能力的加强能使这个项目在未来生产出来的产品更快速地占领市场，并不断提高顾客满意度，而这一切最终在财务、社会、环境等效益上的表现就是项目整体经济效益的改善。同时，项目带来的经济效益为企业在社会上树立了拥有社会责任感的形象，这样能够使自己的员工产生强烈的忠诚感和责任感，为了促使企业发展不断奉献自己的激情和创造力；社会效益和环境效益的改善也会提升顾客对该产品的满意度，因为现在顾客的"绿色"意识增强，更加认可"绿色""环保"。

为了让战略得以更好地描述，让战略得以更好地实施，需要将企业的发展战略明确表达出来，在化工项目平衡计分卡 4 个维度的因果关系基础上，经过对管理层的多次访谈和与项目团队的座谈，我们在每个维度又制定了相应的关键评价指标，从而建立了一个层层驱动的化工项目综合评价模型，如图 5.6 所示。

1. 经济效益维度

这里的经济效益并不是单指财务上的效益，还包括社会效益和生态环境效益。这不仅符合了企业的战略意图，也遵循了平衡计分卡的平衡原则。经济效益层面的评价指标分为财务效益、社会效益和环境效益。

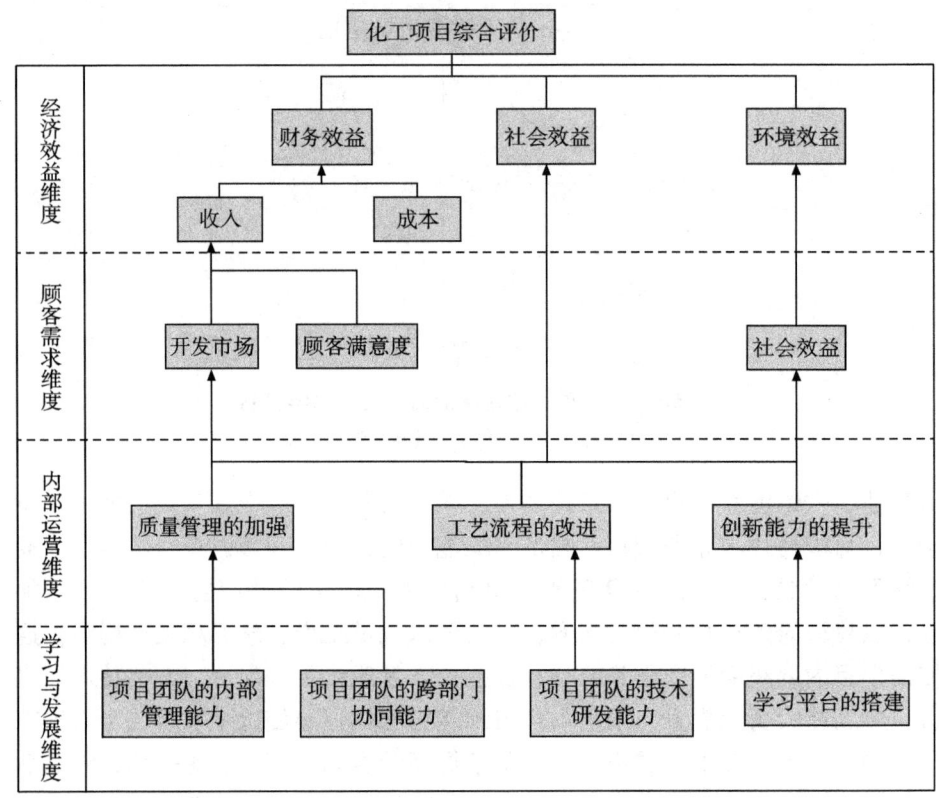

图 5.6 化工项目综合评价模型

2. 顾客需求维度

平衡计分卡最大的长处之一就是评价客户方面对于财务方向的重大影响。为了满足股东、满足投资者，使他们获得令人鼓舞的回报，必须关注利益相关者——顾客。同时，企业必须不断开发市场，向顾客提供满意的产品和服务，满足顾客需要，企业才能生存。

在全球注重环保的背景下，消费者的环保观念逐渐得到加强，顾客所关心的不仅仅是产品的价格与质量等传统因素，他们还关心企业或项目的工艺水平、绿色品牌、社会形象等。在企业的战略布局里都有着做强做大的愿景，而项目的规划阶段就已经开始对社会和经济产生影响，因为每个项目的建成都可能引起行业结构的变动，特别是化工项目这种特大型项目。

在顾客这个维度所要评价的指标主要包括：市场开发能力（市场增长率、市场占有率等）、顾客满意度和该项目的循环经济贡献度。

3. 内部运营维度

为了满足顾客，获得令人鼓舞的市场价值，从内部运营角度思考：为了实现经济效益类和顾客类的目标，项目的内部组织能力维度应该包括质量管理的加强、创新能力的提升和工艺流程的改进。

工艺流程对化工项目来说十分重要，因为一个项目的工艺水平代表着这个项目的技术能力和科技水平，直接关系到产品的质量和性能，也关系到项目的循环经济能力，这些都会影响产品在市场的表现和消费者的满意度。

4. 学习与发展维度

平衡计分卡的第 4 个维度强调学习与发展，它是建立长期发展的基础，能够在这个领域取得成果将有助于其他 3 个领域的目标实现和业绩提高。卡普兰和诺顿把企业的学习与发展归于 3 个方面：员工核心技能和专长、信息系统能力及激励授权等文化氛围。我们评价的化工项目处在项目概念阶段，项目的评价在这个维度则主要集中在项目团队的能力及学习平台的搭建上。评价指标为项目团队的内部管理能力、项目团队的跨部门协同能力、项目团队的技术研发能力。

第二节　案例研究：××企业剖析

××企业经过 50 多年的发展，已经成为一个集生产、科研、服务、贸易为一体的科工服贸相融并具有进出口经营权的综合型企业。中国加入 WTO 后化肥行业暂时被列为保护性行业，有国家和地方政策扶持，加之国内化肥市场持续稳定的增长也为其带来了难得的发展机会，但也面临着保护期后（市场准入开放）国外化肥大企业集团的大举进入和国内化肥产能激增的巨大竞争压力。

一、环境分析

1. 宏观经济环境分析

（1）科技革命与产业变革，化工行业发展的新起点

第六次创新浪潮正在形成，可持续性产业、全面系统设计、仿生学、绿

色化工、工业生态、可再生能源、绿色纳米技术等将引领化工行业站到结构调整、转型升级的新起点。

(2) 国家在新的历史起点上全面深化改革

在新的历史起点上全面深化改革，尤其深化国资国企改革，要加快推进资产证券化进程，积极探索引进外资、民资，发展混合所有制企业，实行股权多元化经营，是未来全面深化国资国企改革的重要方向。

(3) 国家能源政策的改革值得关注

能源价格市场化改革、打破油气行业在中上游的垄断是改革重点，因涉及国家能源安全，改革将是个循序渐进的过程，这将对基础化肥企业的原料路线、资源保障和成本结构产生重大影响。

(4) 生态农业和土地制度改革政策的影响

发展生态农业，必然要求减少低效化肥、高毒农药的过度使用。随着未来土地制度不断深化，农业用地流转将进一步加速，家庭农场、专业大户和经营合作社等将成为新型农业经营主体，对科学施肥的农化需求及新型复合肥的需求将不断提高，这种消费需求也将影响未来的农资市场的供应格局和未来农资销售的方式。

(5) 环保加强带来的影响

工业废水排放量分行业占比居前3位的是：造纸与纸制品业占18%，化学原料及化学制品制造业占13.5%，纺织业占11.3%。化工行业造成的污染不容忽视，是国家环保治理的重点行业之一。由此可见，随着环保立法、执法趋严，环保加强带来的供给约束已成为影响化工行业变化的主要因素。

2. 行业的国内外现状和发展趋势分析

(1) 化工行业的整体低位运行，野蛮式增长已不可持续

随着行业增速的制约因素从产能瓶颈转变为需求增速放缓，化工行业的整体低位运行，供给端从以产定销逐渐转变为以销定产，加上资源环境约束压力的加大，单纯依靠产能扩张的做大方式已不可持续。

(2) 精细化工和化工新材料发展迅速

国内外经济整体仍处于相对低速增长期，在国内大宗化学品的进口替代基本结束的背景之下，加上政府对鼓励发展的新能源、新材料等行业进行补贴，国内化工行业的增长机遇主要集中于精细化学品和化工新材料等部分新兴领域。

(3) 循环经济、产品链延伸能提升综合效益

预计未来的发展方向将是园区化管理，而一些落后及环保不达标的企业将会被淘汰。循环经济将会摆脱产品单一的风险，提高产品利用效率，还可通过产品链延伸提高产品附加值，从而提升企业总体竞争力和综合效益。

二、企业的核心竞争力分析

产业发展优势：××企业两套大化肥装置采用国际上的先进技术，装置能耗在全国甚至全世界均处领先地位；建成三聚氰胺装置及聚四氢呋喃装置，各装置均技术先进且具备规模优势；利用本地天然气、页岩气资源的优势。

技术研发优势：××企业拥有市级技术中心，设有工程技术研究院，具有一定的创新及研发能力，为××企业的发展提供支持。

生产管理优势：××企业从事大化工行业20多年，拥有大批装置运行管理人才和管理经验，承接大量对外化工生产技术服务项目。

装备检修维护优势：××企业拥有一支实力雄厚、技术娴熟、装备精良的机械、仪表、电气设备检修和维护队伍，拥有压力容器、压力管道设计/制造/安装等工业公用基础平台。

品牌及市场优势：××企业是××市长质量奖获奖提名单位，"××"商标是中国驰名商标，拥有辐射长江中下游、华南及周边的成熟市场和销售网络。××企业建有先进的电子商务平台，复合立体化营销模式已基本形成，市场竞争力不断提升。

三、现有产品市场情况及规划产品市场前景分析

1. "农化产品及服务产业"市场分析

国内尿素价格低迷，产能过剩进一步加剧。化肥市场环境正在发生剧烈的变化，产品结构升级是大趋势，发展新型复合肥迎来历史机遇，缓释肥、水溶肥等新型肥料有望成为主流复合肥产品，复合肥标杆企业金正大仍保持强劲的增长。新型复合肥已经开始脱离大宗商品的同质化竞争，具有了消费品的特征。新型复合肥带来的农化产品升级将压缩单质肥直接销售的市场空间，这将给××企业带来巨大的挑战。因此，"农化产品及服务产业"要从

以资源获取为重点转向以市场夺取为重点,由资源战略转为产品战略。基本思路如下。

①强化产品开发,加快产品转型升级。

②发挥品牌优势,采用 OEM 方式,强势进入市场。

③通过与大学(西南大学)、通信运营商合作,建立区域和特色农化服务体系。

④发挥资本平台优势,并购小型的、有产品技术特色的复合肥企业。

2. "专用化学品与化工新材料产业"市场分析

(1) 三聚氰胺市场分析

目前中国已是全球最大的三聚氰胺生产、消费与出口国。下游工业需求清淡,板材行业开工不足,价格仍面临下滑压力,后期还需关注国内出口动态。当前房地产行业低迷,环保问题备受关注,三聚氰胺市场需求一直比较平淡。

(2) BDO 市场分析

国内 BDO 市场价格持续阴跌,究其原因主要是新增产能释放,下游各领域始终表现不佳,PTMEG 下游氨纶终端行业需求清淡,市场供大于求,短期价格仍会小幅下滑。

(3) 氟化工市场分析

中国对氟化物的需求增长率远高于全球平均水平,氟化工市场前景广阔。目前,HF、AlF_3、F22(氟利昂)、TFE(四氟乙烯)单体等基础原料已形成规模,ODS(消耗臭氧层物质)替代品的开发已形成系列,以芳香族氟化物为主体的含氟中间体有了很大的发展,应重点关注。占有萤石矿资源,以电子化学品和含氟医药中间体为潜在市场,调整产品结构,着力研发含氟聚合物及氟化工精细产品。

(4) 聚酯市场分析

上游原料产业 PTA 和 MEG 产能过剩,价格会在较长时间内处于低位;近年来我国聚酯行业高速发展,国内 PTA 产能高速扩张,产能将超过聚酯产能;江浙沪闽等沿海地区集中国内 85% 以上的聚酯产能,产业布局失衡,向中西部转移是大势所趋;产品同质化现象突出,使多数企业产品品种单一,拼规模、拼成本,行业利润率伴随产能的扩张不断下降,走差别化道路成为行业发展的必然选择。

因此,"专用化学品与化工新材料产业"要从以资源获取为重点转向技术与资源并重，基于工艺技术建立生产平台，并采用定制生产模式。基本思路如下。

①建立含酯类、含氟类技术工艺平台。

②以电子化学品和医药中间体为目标市场。

③发挥运行优势，开展 CMO 商业模式。

④发挥资本优势，采用公司创业投资方式实现下游延伸。

3. "工业技术服务产业"市场分析

我国工业服务的比重偏低，信息服务、研发服务、物流服务和技术支持服务是最有机会发展的重点领域。××企业应重点发展工业技术服务业，化工技术服务是当前××企业发展生产性服务产业的重点，工艺支持和环保产业是××企业发展生产性服务的理想领域；土壤治理需求迫切，土壤修复行业市场空间巨大；我国旅游业还有很大的发展空间，816 洞体旅游服务开发面临巨大的挑战；虽然中国物流业存在较大的市场空间，但××企业发展物流业的机会有限。

因此，"工业技术服务产业"要从单纯的服务转向技术服务与工程总承包建设并重，形成专有技术平台；通过合资合作开展土壤整治业务；通过资源整合整体打造以核洞为主的旅游健康产业；伺机拓展物流服务业。基本思路如下。

①加强现有装置开车技术服务能力。

②以化工工艺优化为抓手，采用总承包（EPC）工程模式拓展技术改造项目。

③与工程建设优势企业合资合作，开展土壤整治业务。

④与具有客源组织和资金投入能力的大型旅游集团合资合作，加入精品旅游环线，通过资源整合，整体打造以核洞为主的旅游健康产业。

⑤维持现有物流服务业，等待农化服务和园区综合化工物流服务的机会。

四、企业发展中面临的主要问题分析

1. 天然气价格改革政策的影响

近年来，随着天然气价格改革的推进，煤炭价格与天然气价格形成反差，天然气比较竞争优势削弱或丧失，对天然气化工行业形成了巨大的冲击。国产天然气产量增速放缓，在天然气需求持续上升的情况下，进口气消费占比仍将保持较快增速，在进口气价依然倒挂的情况下国内气价长期仍有上涨空间。××企业现有产业对资源特别是天然气过度依赖，燃气价格改革已对××企业的发展带来了重大影响。

2. 研发投入不足，创新能力亟待提升

企业面临产业素质不强、产品缺乏市场竞争力、高附加值的精细化工技术相对落后且缺乏支撑、缺乏创新体制和机制、技术投入和技术研发能力亟待提升、核心竞争力亟待加强等问题。

3. 产品结构调整任务艰巨

部分产品缺乏市场竞争力，面临产品结构调整的艰巨任务；主业之外存续企业市场竞争能力不强，缺乏核心竞争力，不足以对企业效益形成有效支撑。

4. 成本控制压力大

受通胀影响，资源价格大幅上涨，人工成本、生产成本、物流成本大幅上升，利润空间压缩，对××企业效益影响较大。主要表现为：一是能源供应紧张，天然气价格持续走高，削弱了与煤头尿素生产成本的比较优势；二是企业劳动力成本日益提高、资源环境约束不断增强；三是企业资产质量不高，带息债务负担较重。

5. 装置经济运行的压力

新老装置同时运行，装置隐患多。"一化"装置连续运行近20年，负荷提升受限。新建成装置达产达标和优化运行需要过程。装置联运模式还需继续探索。

6. 融资压力陡增

现有产品结构调整、技术研发平台建设、新项目建设需要投入大量资金，资金缺口大，而资产负债率又持续走高，企业经济效益持续下滑，融资压力陡增。

7. 人才育留压力大

项目建设及结构调整对人力资源开发与配置的压力愈加突出。一是企业员工年龄趋于老化、流失严重（特别是骨干、新进大学生流失严重）、结构不合理；二是人力资源的规范要求与内部单位管理不平衡的压力；三是员工对薪酬增长的期望与企业发展实际不匹配的压力。

8. 社会负担沉重

自1966年建企以来，××企业一直是企业办社会，社会负担异常沉重，特别是在市政管理、环境治理、道路交通、危房改造等方面困难重重。另外，"三线临时工"的历史遗留问题也影响了企业的正常生产。

五、发展战略与基本原则

1. 发展战略

在3~5年的时间内，通过内部技术进步和外部合作，以纵向延伸和横向拓展的方式开发相关多元化的新产品，推动产品和工艺创新，发展精细/特殊/专用化学品及复杂化合物相关产业，建立适应定制化的化工工艺平台，以"专用化学品与化工新材料、农化产品及服务、工业技术服务"三大产业作为××企业发展的产业基础，发展和壮大战略发展产业，调整和优化现有产业，创新和深化新兴产业，促进和拓展多元化相关产业，实施科技创新和产业结构调整战略，打造特色产业集群。

"专用化学品与化工新材料产业"从以资源获取为重点转向技术与资源并重，基于工艺技术建立生产平台，并采用定制生产模式。

"农化产品及服务产业"从以资源获取为重点转向市场夺取为重点，由资源战略转为产品战略。

"工业技术服务产业"从单纯的维保修服务转向技术服务与工程总承包建设并重，形成专有技术平台；通过合资合作开展土壤整治业务；通过资源整合整体打造以核洞为主的旅游健康产业；伺机拓展物流服务业。

2. 基本原则

（1）调整、优化产品和产业结构

以"专用化学品及化工新材料、农化产品及服务、工业技术服务"三大产业作为××企业发展的产业基础，调整、优化公司产业结构。"专用化学品及化工新材料产业"定位为国内精细化学品优秀企业，成为若干细分市场的领导者（前三名）；"农化产品及服务产业"定位为区域市场具有控制力的农化产品及服务供应商、尿素和尿基新型肥料生产商和贸易商；"工业技术服务产业"定位为具有全国性竞争力的化工生产性专业服务提供商、××市综合性的化工园区运营与服务提供商。

（2）大力发展循环经济

以"减量化、再利用、资源化"为原则，通过对装置节能改造、资源循环利用来提高资源利用率；通过采用成熟、先进、清洁、可靠的工艺生产技术，实现技术高起点、装置经济规模、产品深度加工；通过实施节能、节水、节材和资源综合利用项目，构建节约型经济和循环型经济，最大限度地减少废弃物的产生和排放，提高企业形象，实现企业可持续协调发展。

(3) 延伸产品链，提高产品附加值

"农化产品及服务产业"通过研发优质复合肥来提高产品附加值，通过扩展测土配方、土壤修复等业务来提供增值服务。"专用化学品及化工新材料产业"重点通过开发高附加值的精细化工、化工新材料和特殊化学品，以产业链布局为导向，选择三聚氰胺、聚四氢呋喃、氟聚合物等专用化学品延伸产品链，提高产品附加值。"工业技术服务产业"通过"走出去"拓展业务，以充分发挥公司装备建设、开车、检修、维护优势。

第三节　化工产品链多目标优化研究

一、MINLP 模型的建立

产品链模型主要表达产品之间的原料、产品、副产物、废物等属性之间的关系（如物料平衡关系）。在构造出产品链拓扑结构图的基础上，为了增强模型的表述能力，本书引入了逻辑表达式来表达产品链成员间的连接约束，将逻辑表达式转换成代数表达式，最终整个产品链模型成为标准的混合整数非线性规划（MINLP）问题，可以通过 LINGO 软件对所备选产品链进行优化求解。

从产品链模型的扩展性、可修改性和可重用性出发，在构造产品链模型时采用了面向对象的建模思想，抽象出针对流程型企业产品链特点的类和属性，类可以分成基本类和派生类。产品链模型中的基本类有 3 个：产品类、物料类、投资类。产品类的属性包括产品的产量、价格等。物料类可以细分为资源类、废物/副产物类、蒸汽类、水类等，其属性主要用来表示物料的类别，如蒸汽类包括不同压力级别的蒸汽，水类包括不同清洁程度的水（清洁水、再生水、轻度污染水、中度污染水等）。投资类的属性包括净现值、投资回收期、投资回报率等。

由基本类的组合可得到派生类。产品类和物料类一起派生出特定产品所具有的物料类（Materials of Specific Product），该派生类的属性包括各分支物料的流量、价格（罚金）等。两个产品类和物料类可以派生出物料连接类（Material Linkage），该派生类的属性包括表示建立连接与否的 0/1 变量、建立连接的花费等。产品类和投资类一起派生出特定产品所具有的投资类（Investment of Specific Product），该派生类的属性包括产品项目的各种投资指标，如表示投资与否的 0/1 变量等。

图 5.7 是一个典型的物料依赖关系模型，产品项目 A 和产品项目 B 相互间有物料连接，即产品链中的两产品项目之间的联系是双向的（也有可能是单向的或没有联系），产品项目 A 的输出可以部分或全部地替代产品项目 B 的物料输入 m_{ib}，产品项目 B 的输出也可以部分或全部地替代产品项目 A 的物料输入 m_{ia}。当然，产品项目 A 与产品项目 B 的物料输出 M_{oa} 与 M_{ob} 也可以引入到其他产品项目中部分或全部地作为其物料输入。

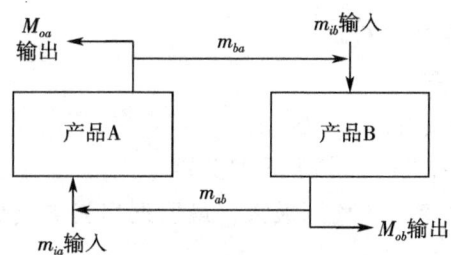

图 5.7　典型的物料依赖关系模型

用 m_{ab} 表示产品项目 B 向产品项目 A 传输的物料，用 m_{ba} 表示产品项目 A 向产品项目 B 传输的物料，产品项目间物流的连接应满足以下物料平衡关系：

$$\begin{cases} m_{ib}=g_{ib}-r_{ab}m_{ba} \\ g_{ob}=m_{ob}+M_{ob} \\ m_{ia}=g_{ia}-r_{ba}m_{ab} \\ g_{oa}=m_{oa}+M_{oa} \end{cases} \quad。 \qquad (5.1)$$

式中：r_{ab}、r_{ba} 为物料转换系数；g_{oa}、g_{ob} 为产品 A、B 的年产量；$m_{ib} \geq 0$，$m_{ia} \geq 0$，$m_{ba} \geq 0$，$m_{ab} \geq 0$，$g_{oa} \geq 0$，$g_{ob} \geq 0$。

考虑加入投资约束条件：建立物料连接可能还需要投资，而只有投资在其回报率 r_n 达到一定的标准 r_e 时才可能进行，将 $r_n - r_e \geq 0$ 与 (0, 1) 整数变量 y_1 相关联；物料连接还受企业可供使用的总投资 I_T 限制，将 $\sum I_n \leq I_T$ 与

（0，1）整数变量 y_2 相关联；将投资与否 y_I 与物料连接 m_{ab}、m_{ba} 相关联，可以得到式（5.2）所示的一组逻辑表达式：

$$\begin{cases} r_n - r_e \geqslant 0 \Rightarrow y_1 = 1 \\ \sum I_n \leqslant I_T \Rightarrow y_2 = 1 \\ y_I = y_1 \wedge y_2 \\ y_I = 0, \ m_{ab} = 0, \ m_{ba} = 0 \end{cases} \quad (5.2)$$

式中：y_1、y_2、y_I 为 0/1 整数变量；n 为产品种类。

利用 Grossmann 等在将逻辑表达式转换成由整数变量和连续变量组成的代数不等式方面的研究成果，将式（5.2）转换成式（5.3）的一组等式和不等式约束：

$$\begin{cases} r_n - r_e \geqslant E_{nl}(1 - y_1) \\ r_n - r_e \geqslant E_{nu} y_2 \\ y_I = y_1 y_2 \\ y_1、y_2、y_I = 0, \ 1 \end{cases} \quad (5.3)$$

式中：E_{nl}、E_{nu} 是（$r_n - r_e$）的下界和上界。

目标函数是企业产品链利润最大，最后列出受式（5.1）、式（5.3）约束的优化模型如下：

$$\max R = \sum (R_p + R_s - R_b - R_f - R_t) \quad (5.4)$$

式中：R 代表企业产品链总利润；R_p 代表出售产品和废物/副产物所得的收入；R_s 代表社会效益（如解决就业）；R_b 代表购买原料的支出；R_f 代表因排放废物所付的排污费（表示环境效益）；R_t 代表由于新增固定资产投资的摊销。其他约束包括：加工能力约束、原料供应约束、环境容量约束、工艺技术约束等。LINGO 软件的特点是用户只需将模型列出而无须关心具体的求解过程，还提供了可供其他程序调用的求解器动态连接库（lingsolv.dll），这使得利用决策界面生成的产品链模型的自动求解成为可能。

二、产品链优化

利用上述产品链的 MINLP 核心模型选取一大型氮肥厂产品链多目标优化做案例分析。××企业已建立健全法人治理结构；现有资源控制能力基本稳定，公司通过协调争取了页岩气就地利用和资源地优惠价格等政策，以确

第五章 化工产品链物流布局优化研究

保装置高负荷运行;具备了一定的资金、人才、产品技术和管理优势;逐步建立了复合立体化营销模式。

面对发展机会和生存压力,××企业根据集团公司的要求,结合实际情况,拟定发展目标:"以资本运营为平台,整合内部资源,优化产品结构,实施业务重组,强化化肥业务的核心地位,健全网络,以'以氨为基、以肥为主,进军流通,相关多元'为发展方向,在未来的5年内把××企业建设成国内一流的化肥企业和当地举足轻重的化肥龙头企业。"本着产业链延伸、物质循环的原则,××企业产品链优化的重点为:①扩大氮肥规模,协调系统输入输出平衡。②延伸产品链,在降低环境污染的同时,增加企业的经济效益。③开展缓释/控释肥及大颗粒尿素的研究与生产,开发多功能肥料,提高产品技术含量和附加值。图5.8是其产品链规划图。

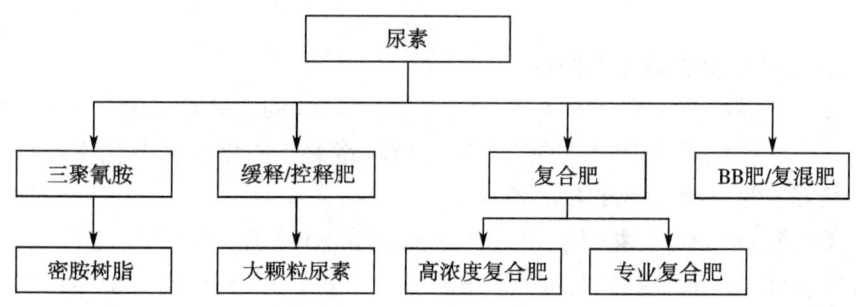

图5.8 ××企业产品链规划

第一条产品链是发展三聚氰胺,现已建成投产;第二条产品链是发展缓释/控释肥及大颗粒尿素;第三条产品链是发展高浓度复合肥和专业复合肥;第四条产品链是发展BB肥/复混肥。因××企业缺乏磷、钾等矿产资源,尿素产品链沿化肥技术路径延伸,将主要沿复合肥向下延伸生产高浓度复合肥和专业复合肥;尿素产品链沿有机化工技术路径延伸,将主要沿三聚氰胺向下延伸生产密胺树脂,三聚氰胺是一种重要的氮杂环有机化工原料,经过加工后成为三聚氰胺树脂,三聚氰胺树脂作为一种基础化工原料可以深加工为涂料、餐具、日用器皿、电器元件、装饰板等,用途非常广泛。

本书针对以上4条产品链延伸方案,分别构造了各自的连接模型,利用LINGO软件对各方案的MINLP模型进行模拟和优化。表5.1中列出了优化结果,可以给我们提供物流的流量、每一个方案的利润等优化信息,方案1蒸汽交换利用8580千吨,废物利用28千吨,循环用水量22 500千吨,净利润 9000 万元/年，经济效益最明显；方案 4 无蒸汽交换，经济效益最差；方案 2、方案 3 经济效益居中。

表 5.1 ××企业产品链优化结果

序号	指标名称	方案 1	方案 2	方案 3	方案 4
1	蒸汽交换/千吨	8580	480	1440	0
2	废物利用/千吨	28	70	3	50
3	循环用水量/千吨	22 500	360	900	500
4	净利润/（万元/年）	9000	6000	4500	250

三、发展重点

1. 重点打造战略发展产业

战略发展产业作为××企业"十三五"规划的主要增长点，要加大研发投入，精准化研发生产，通过开发适销对路的专用化学品及化工新材料，将其培养成为××企业的核心产业。

重点建设氟化工系列项目，在一期建成 2500 吨/年 FEP、3500 吨/年 TFE 的基础上，兼具特色与规模，利用氟化工材料资源优势，规划好 F46 的原料路线，精选含氟精细化学品，扩建氟化工二期项目，延伸氟化工产业链，提高产品附加值。

重点发展高附加值的精细化工、化工新材料和特殊化学品，以产业链布局为导向，选择氟化工、氟聚合物等专用化学品延伸产品链。对于化工新材料，要强化战略联盟的建立，研究共同发展差别化聚酯、聚醚精细化学品的协同生产和产品开发方式。

进一步拓展化工新材料产品体系，依托靠近 PTA、BDO 产地优势，开发建设特种工程材料项目，包括改性 PBT、差别化 PET（聚对苯二甲酸乙二醇酯）、PBAT、PTT 等。

通过多种方式实施六羟三聚氰胺和甲醛的扩能、开发三聚氰胺下游产品，并向下游的阻燃剂、减水剂、涂料、油漆、树脂等方向发展，成为××地区主要的专用化学品及化工新材料供应商，力争 2~3 个专用化学品在国内具有重要影响。战略发展产业主营业务收入力争在"十三五"末达到 50 亿元以上。

2. 调整优化现有产业

"一化"在搞好现有产品的技术改造、提高技术装备水平、节能降耗的基础上，重点开发车用尿素、增效尿素、水溶性肥料及其他尿素下游产品。整合资源，与靠近销售市场的一些有特色、有实力的中小企业合作，采取代工生产（OEM）方式，增加尿素产品高性能肥料和优质复合肥的生产能力。利用周边市场成本优势，直接向周边市场销售氨水、水溶性肥料等产品，逐步实现目前单纯以尿素产品为主的产品结构转向以氮肥为主体、尿基新型肥料等技术含量高的多产品覆盖，提升尿素产品的附加值和营利能力。

年产6万吨BDO/4.6万吨聚四氢呋喃项目所需主要原材料BDO在××市生产无竞争优势，可通过对外采购BDO来解决，并根据市场情况进一步扩大聚四氢呋喃生产规模。

"二化"、三聚氰胺运行受天然气供应的制约，要积极寻找出路，向国外或新疆、内蒙古、宁夏等资源富集地区转移，在靠近资源富集地建设大型化肥装置，使整体布局更加合理。研究备选方案，探讨就地改造，采用煤气联产原料路线，建立乙二醇生产平台的可能性，进一步丰富下游碳—化工产业链。

通过多种方式建设专用（精细）化学品柔性生产线，积极寻求与国外化工巨头合作，为其代工生产（OEM）高附加值产品，进一步提升××企业的市场竞争力和生存能力。

复合肥"产品+服务"营销模式和测土配方的推广，将逐步变革传统农资流通体系，以客户营销为支撑，构建农化服务与贸易业务，提升农化服务水平。

现有产业调整优化后，力争主营业务收入在"十三五"末达到45亿元以上。

3. 注重培育新兴产业

把外部创意和市场化与内部创新结合起来，协调内外部资源，通过合资、技术特许、委托研发、技术合伙、战略联盟或者风险投资等合适的商业模式推动全面创新，通过战略投资（便于在适当时机退出）介入新能源化工产品领域，培育新兴产业，在产业链上布局创新链，从而推动产业发展。

重点建设和培育新能源产业（属朝阳产业，国家重点扶持产业，享有国家财政专项补贴或税收优惠等政策），能源专用化学品具有广阔的市场前

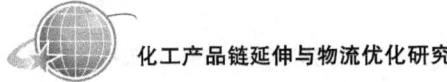

景，探讨发展汽、柴油添加组分产品如 DMN、DMC 及聚甲氧基二甲醚（DMMn）、碳酸二甲酯、液化天然气（LNG）的可能性。

重点建设和培育环保节能产业项目（如土壤修复治理：治理需求迫切，市场空间巨大，但市场环境不规范，建议谨慎进入），化工产业正由"进口替代"转向"效率提升"和成本降低，化工技术服务市场已开始从"新建生产装置为主体的市场"转向"生产装置优化改善为主体的市场"发展，××企业培育新兴产业的重点应放在以工艺支持为核心能力的生产优化和技术改造服务上。

选好方向、培育化工中间体和精细化学品，如膜技术的应用。

新兴产业主营业务收入力争在"十三五"末达到 20 亿元以上。

4. 多元化发展相关产业

多元化发展相关产业主要是通过建立完善管理制度体系，创新服务机制，探索工业技术服务新的商业模式，提高业务拓展积极性，提升综合服务能力，使之成为××企业重要的增长点。

推动生产单位和后勤服务单位探索新型管控模式，提高专业化、综合化、园区一体化的工业技术服务能力。通过技术集成和资源整合，开展以公用工程、三废处理为核心的专业化服务，以白涛化工园区、长寿化工园区及境内成熟市场项目为依托，承接国内外新建大型化工设施/工程总承包（EPC）与现有化工装置改造、管理运营等生产性服务业务和拓展第三方物流业务。

以化工设备检修、安装维保、化学工程建设管理、装置开车与运行外包为生长点完善工业技术服务，打造化工服务平台。拓展以品牌公信力和技术装备能力为核心能力的三方检测服务及客户维系。以××企业技术研究院的技术服务为支撑，对外开展工程设计、技术咨询等服务。

以核军工洞体和乌江森林公园为依托，通过引入战略合作者共同开发，大力发展旅游健康产业。

多元化发展相关产业主营业务收入力争在"十三五"末达到3亿元以上。

四、主要任务

1. 实施产品（业务）结构调整，增强企业营利能力

抓住产业布局由市场为主的水平分工方式转向计划导向的垂直分工的战

第五章
化工产品链物流布局优化研究

略契机，融入全市经济一盘棋，积极争取与××市主导产业化工、建筑密切相关的专用化学品及化工新材料布局到××企业，并通过兼并重组、合资合作等战略手段布局新产品，涉足新兴战略产业。

调整和优化农化产品及服务。加快推进"能量替代、原料替代、技术替代"战略，减少受天然气原燃料不足和涨价的制约。调整化肥产能，加强对合成气/合成氨上下游的论证和对尿素产品高性能肥料的研究，重点开发新型增效尿素、车用尿素及其他尿素下游产品，实现目前单纯以尿素产品为主的产品结构转向以氮肥为主体、尿基新型肥料等技术含量高的多产品覆盖，提升农用化工产品的附加值，培育新的经济增长点。

粮食结构的变化、测土配方的推广、劳动力成本的提升将大幅增加优质复合肥的需求；复合肥"产品+服务"营销模式将逐步变革传统农资流通体系。以品牌形象提升和终端控制为抓手，以渠道结构建设为重点，优化一体化运作平台，提升服务水平，以现代物流为支撑，构建农化服务与贸易业务。

重点发展专用化学品及化工新材料，培育新兴平台化学品。重点发展高附加值的精细化工、化工新材料和特殊化学品，以产业链布局为导向，选择三聚氰胺、聚四氢呋喃、氟聚合物等专用化学品延伸产品链，拓展化工新材料产品体系。通过多种方式建设PET（聚对苯二甲酸乙二醇酯）、氟化工、LNG（液化天然气）等项目，实施六羟三聚氰胺和甲醛的扩能，并向下游的涂料、油漆、树脂方向发展，成为××地区主要的专用化学品供应商。

加快对符合公司产业发展方向的项目研究，争取建设一批、论证一批、储备一批，形成滚动发展态势。

创新和深化工业技术服务。以化工设备检修、化学工程建设管理、装置开车与运行外包为生长点完善工业技术服务。以白涛化工园区、长寿化工园区及境内成熟市场项目为依托，承接国内外大型化工装置建设、管理运营等生产性服务业务。创新服务机制，探索工业技术服务新的商业模式，提高业务拓展积极性，提升综合服务能力，使之成为××企业重要的增长点。

实施"走出去"战略。根据靠近资源和市场的基本原则，加快异地发展步伐，到资源富集地做产业布局，开展项目靠近资源富集地或靠近客户市场异地建设、并购重组及合资合作，形成多点支持局面。对公司发展所需的战略性资源，采用战略联盟、战略投资等多种方式进行合资合作。对公司发展的战略性产业所需的优质资源业务，通过重大资产重组、并购、战略投资等手段进行，实现对业务的控制或共同控制。对公司发展有利的"不良"资产，通过争取政府政策资源，低成本兼并重组。多方位开展在新疆、内蒙古、宁夏等资源富集地的调研，科学论证，提出可行性方案。

2. 发展混合所有制经济，建立符合现代企业要求的管理体制和运行机制

发展混合所有制经济。以国有企业改革为契机，大胆探索和发展混合所有制经济，推进国有企业股权多元化改革。要引入战略投资者和私募股权资金，引进资本、技术、人才、管理，融合国企优势和民企机制，参与三聚氰胺、聚四氢呋喃、氟化工及其下游产品等领域的投资和建设，形成多层次的投融资体系和经济实体。要大力促进集团各子公司特别是法人独资子公司积极主动探索混合所有制经济发展模式，进一步理顺产权关系，推动完善公司治理结构，实施股权多样化，实现合作共赢。

强化集团管控模式。按照"控制员工数量，改善员工结构，提高员工收入"的原则，构建以人为本、注重激励的管控模式，明确对分（子）公司的组织架构设计规范和管理要求，下放管理事权，鼓励分（子）公司自主优化管理。结合产品业务特点和产业结构调整，全面有序推进各二级单位完善法人治理结构并独立运作的管控模式改革，逐步推广事业部制。二级单位试点实施新项目新机制。通过以上整合调整，二级单位逐步形成法人治理机制，公司总部逐渐由当前的业务管控转变为业务控制与财务控制相结合的产业公司总部。

完善激励机制，激发内生动力。健全现代企业制度，充分激发和调动各单位积极性，主动应对外部市场竞争。建立长效的管理层激励、骨干激励和约束机制，鼓励新增项目或并购重组项目的管理层、投资团队等核心成员配套投资入股。充分发挥人才在科技创新中的关键作用，发挥技术创新在结构调整中的核心驱动作用。

3. 打造企业核心竞争力，实现企业可持续经营

加大自主研发能力。优化和完善现有的创新体系，进一步强化技术创新的支撑作用，发挥工程技术研究院的平台作用，增强自主创新能力，加强科技成果转化的中间环节，提高现有科技成果的成熟性、配套性和工程化水平，力争在重点领域、关键技术上尽快取得新突破。加大研发投入，逐步提高研发投入占销售收入的比例，力争在"十三五"末达到1.5%。实施"走出去"战略，与东部沿海科研机构、国外化工巨头合资合作开发化工新产品。依靠科技进步，充分发挥技改技革对节能减排工作的推动作用，降低产品能源消耗，优化单位产品能源消耗结构。通过技术创新和产业转型等多种手段，淘汰落后耗能设备、设施，减少污染排放。公司主要产品技术指标和主要装置运行指标达到国内先进水平。

加强自主知识产权保护。加强自主知识产权保护，认真总结和提炼在技术创新、技改技革、装置运行等方面形成的知识产权、技术诀窍，做好尿素、三聚氰胺等现有产品下游产品项目开发，转化一批具有自主知识产权的科技成果，成为当地重要技术研发和成果转化基地。公司技术中心力争通过国家认证，成为国家级技术中心。

大力发展循环经济。努力发展循环经济，确保新建设项目生产工艺的经济性、先进性，确保单位产品综合能耗不断降低。引进节能新技术，对现有化工和供热、发电装置开展节能技术改造。持续开展节能减排系列活动。建立固定资产投资项目节能审查制度，杜绝高耗能建设项目，从源头把关控制。追求最大限度不发生事故，不损害人身健康。环境保护工作目标：污染物达标排放，固体废物合规处理，不发生重特大环境污染事故。

第四节 化工产品链物流优化研究

一、物流布局的总体要求及优化的必要性

1. 物流布局的总体要求

化工区（工厂）物流布局的总体要求应根据工厂的性质、规模、生产流程、交通运输、环境保护、防火、安全、卫生、施工、检修、生产、经营管理及发展等，结合当地自然条件进行布局，经方案比较后择优确定。工厂物流布局设计要解决工厂各个组成部分，包括生产车间、辅助生产车间、仓库、动力站、办公室、露天作业场地等各种作业单位和运输线路、管线、绿化及美化设施的相互位置，同时要解决物料的流向和流程、厂内外运输的衔接及运输方式。在已确认的物流场所内按照从原材料的接收，零件和产成品的制造，到成品的包装、发运过程，力争将人员、设备和物料所需要的物流做最适当的分配和最有效的组合，以获得最大的经济效益。因此，合理布局、设计生产物流系统，对企业关系重大。其物流布局总体上应符合下列要求。

①符合安全、顺畅规范。满足生产需要，符合现行的国家法律、法规有关防火、安全、卫生和工业项目建设用地控制指标等要求；生产及辅助生产建筑物，在生产流程、防火、安全及卫生要求许可时，应合并建筑。根据化工企业火灾危险性较大的生产特点，在进行厂区物流布局时应特别注意生产装置间及生产装置同其他建构筑物间的防火间距、防爆间距及安全防护间距。

②生产工艺流程顺畅。在符合生产流程、操作要求和使用功能的前提下，建构筑物尽量合并，应充分利用生产装置区的管廊及框架等处的物流布局有关设施。在生产设备、工艺条件、操作条件和自然条件许可时，生产装置应露天化、联合集中布置，经济合理有效利用土地，保证企业生产流程的合理性和连续性，使企业内部各个生产环节具有良好的联系，避免生产流程出现不合理的往复倒流现象，为企业良性运转和可持续发展提供重要保障。对于设计人员来说，生产工艺流程是物流布局的依据，设计人员要根据生产流程合理地选择物流布局形式，合理统筹安排厂内建构筑物、运输线路和管线等设施，达到生产作业线顺直货物运行距离最短的目的。

③功能分区合理。按照工厂各设施的不同特点和功能要求进行适当分区，合理地组织和安排各区建构筑物，即功能分区。化工企业虽然生产工艺大不相同，但主要功能分区按照生产设施分类大同小异，企业功能分区重在合理。根据工厂的生产流程、各组成部分生产装置的性质及特点和火灾危险性，物流布局应结合地形、风向等自然条件和安全生产要求，按功能分区集中合理布置，以便于生产管理。其中，风向因素是化工物流布局的主要影响因素。为保证有良好的自然通风，应保持建筑物的长边与夏季最多频率风向呈 45°~90°的角度，以改善职工工作环境，有利于职工健康，提高劳动生产率。只有根据风向因素确定了卫生防护距离、主要物料进出方向和上风向的位置，才能进行化工企业主要功能分区布局。

④辅助设施靠近生产装置。辅助生产和公用工程设施，在符合其特性要求条件下，尽量靠近负荷中心或主要用户，以节能降耗；生产管理及生活服务设施，应根据其性质及使用功能，分别进行平面和物流的合理组合，设计为多功能综合性建筑。

在大型石油化工装置中，蒸汽动力系统在向过程系统提供动力、电力、热能、工艺蒸汽等的同时本身也消耗大量的能源，其能耗在整个化工企业中占有相当大的比例。因此，在满足工艺流程的条件下，将动力设施靠近生产装置布局对于缩短管线长度、降低能量消耗和运行成本意义重大，是石油化工企业实现节能降耗、提高效益的重要途径。

在满足生产、防火、安全及卫生要求的前提下，按储存货物的性质及运输方式等条件，宜合并设计为大体量仓库或多层仓库，储运设施应相对集中布置在运输装卸方便的位置，并宜靠近与其有关的生产装置，形成物流传输一体化。大宗物料的储存，应提高机械化装卸作业程度，有效地利用物流。

⑤运输顺畅、便捷。合理组织运输，缩短运输距离，便于相互联系，避免人流、货流交叉，为工厂创造安全的生产环境和作业场所；铁路线路、装卸设施及仓储设施的布局，应根据其性质及其使用功能，相对集中，避免或减少铁路进线三角地带。化工企业多数是采用管道运输方式完成物流要求。化工企业从原料到成品的生产工艺过程，大都以液体、气体介质输送，有的还具有高温、高压、剧毒、腐蚀、易燃、易爆等特性，运输安全防护要求高，生产过程连续性强，所以必须采用管道运输方式。管线几乎涉及化工企业设计各专业，如工艺、水道、电气、热工、自控等，它将各专业管线布置的自身经济合理性与工厂总体条件相联系，从而达到工厂总体的经济合理。

⑥通道宽度、防护间距合理。厂区通道是生产装置或街区相互间的防护地段，也是连接各装置或街区的管线、管廊和道路的运输通道，其宽度取决于相邻街区的生产设施、辅助生产及公用工程设施和仓库设施的防护距离要求与通道内各种管线、道路宽度、绿化和竖向设计等工程设施的布局。通道过宽会加大厂区用地面积，且增加运输线路和管线长度；通道过窄，则不能满足有关工程设施的布局技术要求，难以保证安全生产，也会给工程建设带来困难。

化工企业厂区的外形一般为矩形，要保持厂区纵、横干道为直通，有利于管线及管廊的布局，有利于工厂消防和运输。厂区通道宽度通常分为50米、40米、30米。为满足将来发展的要求，可能增加新的管线或其他设施，通道考虑预留宽度为该通道计算宽度的10%~20%的余地。

⑦合理安排分期建设与预留发展用地。根据建厂条件和生产发展趋势，尽可能处理好近、远期的发展关系，为工厂留有可持续发展余地。对于分期建设的企业，为使前期工程尽快建成投产，形成生产能力，减少前期工程的投资及用地，物流布局应将前期工程建设项目集中紧凑布置。同时，布局时

应与后期工程相互协调，通过道路与管线的连接，为后期工程创造良好的建设条件，并避免后期工程的施工影响前期工程的生产。

随着科学技术的进步和市场发展的要求，企业的改建和扩建是不可避免的，因此，物流布局如何处理好预留发展用地，是一项重要任务。物流布局中应贯彻近期集中，远期外围，自内向外，由近及远的逐步建设原则，使工厂用地不早征迟用，征而不用，造成浪费，减少和严格控制街区内预留发展用地。

⑧厂区绿化和环境美化。由于工厂企业生产过程造成的环境污染，要求工厂绿化首先应满足环境保护的要求，通过绿地的整体生态效应，达到减缓污染的目的。由于污染物排放集中，污染物种类较为固定，在树种选择方面，应选取对特定污染物抗性强，吸污能力强，耐粗放管理的乔灌木。另外，要综合考虑风频、风速等工厂所在地的气象因子，合理设计污染隔离带和卫生防护林，使工厂生产对周围的农田、水体、居民造成的污染降到最低限度。

绿化还应以提高工厂整体环境质量和建设优美环境为目标，但不能为了提高绿化率而增加绿化占地面积。根据《工业项目建设用地控制指标》要求："工业企业内部一般不得安排绿地。但因生产工艺等特殊要求需要安排一定比例绿地的绿地率不得超过20%。"

2. 物流布局优化的必要性

物流分析是对一个特定的工艺流程中某一特定物质代谢研究的有效手段，是过程系统工程分析的基础。在化工过程系统中，原料和能源转变成最终产品与废物会经历一系列相互关联的物质变化。物流分析的任务是根据质量守恒定律，通过建立物质衡算表，弄清与这些物质变化有关的各股物流的状况，以及它们之间的相互联系，记录它们在转化环节的物理和化学状态，描绘其行进路线。其目的在于从中找到节约能源、提高资源转化率和产品收率、改善工艺系统性能的突破口。周哲等通过物质流分析，建立煤的工业能源及化工过程的分析模型，在满足一定产品需求的条件下，分析煤炭资源在工业生产中所带来的污染，分析系统的污染排放情况及不同工艺路线和产品对环境的影响，并根据分析模型优化得到经济和环境最优的煤能源化工产品结构与系统构成。

物流布局优化问题是现代后勤研究中的重要问题，如何选择物流布局的位置并确定物料与物料之间的配送关系，是物流布局研究的重要内容。物流布局的位置一旦确定，在短时间内难以改变，因此，科学合理的物流布局不但可以缩短物资的运送时间，而且能够减少物资的运送成本和储存成本，提高物流网络的运行能力。在一定的区域范围内组织特定的产业实施产品链式发展，可以实现人力、资本等生产要素的最优配置，通过产品链的各个环节的特点合理制定产业物流布局，可以带动相关产业的发展。对化工产品链物流布局进行优化，既可以节约投资，又可以节约物料传输费用，从而获得优化所产生的经济效益、社会效益及物流效益。加上化工装置规模大、占地面积大的特点，项目一旦建成不易变动，因而对化工企业物流布局优化显得至关重要。

化工产品链的物流布局优化，应在化工区总体布局的基础上，按物流布局总体要求进行优化。国内学者安士伟等（2004）对我国高新技术开发区物流布局进行了研究。徐康宁等（2006）对我国钢铁产业的物流布局进行了研究，研究显示，我国钢铁产业的物流布局呈现以市场指向为主、兼资源依托型之格局，临海港口型特征不明显。冯金飞等（2005）提出了一种以地理信息系统为平台，遗传算法为物流布局优化模型的物流布局优化方法。但针对流程型工业中化工产品链物流布局优化进行研究的还较少。

由于化工产品链中各产品之间具有很强的物料依赖关系，且存在循环利用，类似于产品开发过程中各项开发任务之间的依赖和反馈关系，应用设计结构矩阵（Design Structure Matrix，DSM）可识别产品开发过程中各项开发任务之间的依赖关系（Steward，1981）。本书主要利用化工产品链中各产品之间的物料依赖关系，结合化学工业生产工艺的特点，将产品开发中分析任务依赖关系的设计结构矩阵模型用于反映化工产品链各产品之间的物料依赖关系，构建体现物料依赖关系的物料依赖矩阵（Matrix Related Material，MRM）模型，通过对物料依赖矩阵进行聚类重构，提出了化工产品链物流布局的优化策略，并通过典型实例分析了该模型的运行结果，验证了优化策略的有效性。

二、化工产品链物料依赖矩阵的构建

1. 化学工业的特点

化学工业是通过制造过程将资源（包括能源）转化为可供人们使用和利用的工业品或生活消费品的流程型工业，其主要特点如下。

①大部分非终端性产品互为原料，相互之间的关联性和配套性比较强，且对水、电、汽、气、交通等基础设施要求较高、用量较大。

②生产过程具有很强的设备（技术工艺）依赖性，对物料平衡、综合利用要求较高，物流布局对实现循环经济的物质集成至关重要。

③集中、廉价的公用工程能有效降低公用工程费用，降低对环境的影响，实现比较优势、集聚效应。

④化学反应复杂，生产过程中包括大量的有机合成反应，而这些反应常常属于杂反应，且在一个反应过程中同时会生成多种异构体，并伴随着主产物外还有副产物的生成。

⑤反应物料相态多样化，精化工产品合成反应为非均相物料系统，常见的有液、固相，气、液相，气、固相，气、液、固相，液、液非均相系统等，所以在反应系统结构设计和选型时一定要解决好传质问题。

⑥多数反应过程热效应大，必须及时除去大量的热量；工艺反应条件变化范围宽，有的要在高、低温及加压或真空条件下进行反应，要求设备材质能耐温、耐压等；反应介质的腐蚀性强，因此在不同的工艺条件及物料系统中选择合适的耐蚀材料至关重要。

因此，化学工业的发展模式应当遵循循环经济的理念，应用系统集成思想，采用废物交换、循环利用、工业共生等手段有计划地进行规划，实现资源的最优利用，通过构建生态化工产品链促进产业升级、产品结构调整，从而实现经济、社会与环境的协调发展。

2. 化工产品链的主要特点

化工产品链是指化工生产过程中以一个或几个基础化工原料，一道一道地加工下去，形成一条链。化工产品链可定义为由化工生产过程中上游产品作为下游产品原料、从上而下由初级产品逐步变为精深加工商品所依次形成的一系列产品。化工产品链的主要特点如下。

①产品链中各产品之间存在物料联系，同时部分物料在产品之间还存在循环利用；通过循环利用，能够实现资源共享、废物减少，有利于环境保护，延伸产品链，增强公司营利能力，提高公司核心竞争力。

②各产品之间的联系既有水平方向（横向）的，也有垂直方向（竖向）的，呈网状结构；通过横向、纵向物质和能量交换，能有效降低能耗、物耗，提升经济技术指标，实现节能降耗创效、资源效益最大化。

③物料值的大小代表产品链中各产品之间物料依赖程度。化工产品链这

种物料联系反映出的相互依赖关系与产品开发中多任务协同（Gupta，2001）类似，可以将产品开发中分析任务依赖关系的 DSM 模型应用到化工产品链物流布局的研究中，构建体现物料依赖关系的物料依赖矩阵（MRM）模型。

3. 物料依赖矩阵（MRM）的构建

根据化工产品链中各产品之间的物料依赖关系，可以构建体现物料依赖关系的物料依赖矩阵，其步骤如下。

①首先结合公司发展战略，绘出化工产品链规划图，并在化工产品链规划图上标注各产品项目之间的物料联系。

②由产品链上的产品项目分别得到物料依赖矩阵的行列元素，行列元素以对角线为轴，按对称顺序排列。

③按照 DSM 确定依赖矩阵依赖关系的原则，由各产品项目之间的物料联系分别对应得到物料依赖矩阵；在确定各物料之间联系的方向时，如果产品项目 A 排列在产品项目 B 前面（行方向的左边和列方向的上边），则规定产品项目 A 到产品项目 B（A→B）方向上的依赖为正向，对应的单元格位于依赖矩阵对角线的下方，而产品项目 B 到产品项目 A（A←B）方向上的联系为反向，0 对应的单元格位于依赖矩阵对角线的上方，有的产品项目之间的联系是双向的，有的产品项目之间的联系是单向的。

④假设各种物料具有同等的重要性，物料依赖矩阵中的物料值所反映的是产品项目间各种物料经过系列转化处理达到使用要求并经统一单位后的汇总值。

⑤对物料依赖矩阵进行归一化处理、聚类重构及优化分析。

用 m_{ij} 表示产品项目 j 向产品项目 i 传输的物料，用 m_{ji} 表示产品项目 i 向产品项目 j 传输的物料，依此类推，可得到产品链所有产品项目之间的物料传输值。借鉴 DSM 方式，将 m_{ij} 标注在相应单元格，$m_{ij}=0$ 的舍弃，不标注，由此建立物料依赖矩阵（MRM）的原始数据模型，如图 5.9 所示。

其矩阵表达为：

$$R_{m_{ij}} = \begin{pmatrix} 0, & m_{ab}, & 0, & \cdots, & 0 \\ m_{ba}, & 0, & m_{bc}, & \cdots, & 0 \\ \cdots, & \cdots, & \cdots, & \cdots, & \cdots \\ m_{i1}, & 0, & 0, & \cdots, & m_{ij} \end{pmatrix}。$$

	A	B	C	D	E	F	G	H	I
A		m_{ab}							
B	m_{ba}		m_{bc}		m_{be}				
C	m_{ca}			m_{cd}					
D		m_{db}				m_{df}			m_{di}
E			m_{ec}				m_{eg}		
F		m_{fb}		m_{fd}					
G			m_{gc}						
H		m_{hb}			m_{he}				
I				m_{id}					

图 5.9 基于产品链的物料依赖矩阵

物料依赖相关性 m_{ij} 越大，表明两产品联系越紧密。

三、物料依赖矩阵的聚类重构

1. 统一量化单位

在实际问题中，不同的指标数据一般有不同的量纲。为了使不同的量纲也能进行比较，通常需要对数据做适当的变换。对物料依赖矩阵相互传输的物料值按统一单位进行量化，使其相互之间具有可比性。

2. 归一化处理

按 $R_{m_{ij}} = \dfrac{m_{ij}}{\sum\limits_{i=1}^{n}\sum\limits_{j=1}^{n} m_{ij}}$（$n$ 表示产品项目数）对物料依赖矩阵进行归一化处理，计算后重新填入物料依赖矩阵：行排序数值说明对应的产品项目对其他产品项目的依赖程度，数值越大说明其依赖程度越高；列排序数值表明对应的产品项目对其他产品项目提供支持程度的大小，数值越大说明影响越大。

3. 聚类分析

对物料依赖矩阵进行聚类分析，聚类分析是一种对经过量化、归一化处理的依赖矩阵的行列进行变换的过程，行列变换的基本步骤如下。

①在矩阵中识别无输入的产品项目，通过观察，如果矩阵中某一行元素全部为0（空行），说明该产品项目不需要其他产品项目提供任何物料，则把这些元素放在依赖矩阵的最上方，一旦一个产品项目被重新排列，则将它从依赖矩阵中移出（包括它相关的标记），对所有产品项目重复进行步骤①。

②在矩阵中识别那些不传递物料给其他产品项目的产品项目，如果矩阵中某一列元素全部为0，说明该产品项目没有对其他产品项目提供物料，则把这些元素放在依赖矩阵的最左方，一旦一个产品项目被重新排列，就将它从依赖矩阵中移出（包括它相关的标记），对所有任务重复进行步骤②。

③如果前两步进行后在依赖矩阵中无剩余的产品项目，则此矩阵被完全分割。否则，在保留的依赖矩阵里必含有相互耦合的产品项目。采用路径寻找法或矩阵乘方法识别相互耦合的产品项目。

④将相互耦合的产品项目在物流布局优化过程中尽可能靠近布置。将一个相互耦合的产品项目表示为一个产品项目群（组团），重复步骤①。

基于以上步骤，对于小型矩阵，只要通过以上一系列的行列变换，就可以实现物料依赖矩阵的重构，获得新的矩阵排列顺序。但对于大型复杂矩阵，则要通过遗传算法等相关算法的一系列迭代过程才能获得新的重构矩阵及最优解。

四、化工产品链物流布局优化策略

①通过对产品项目物料依赖矩阵进行聚类重构，寻找最小的块状矩阵。这个块是有向图中的一个最大子集，在这个子集中的每个节点都有到达子集内其他节点的路径。识别相互耦合的产品项目群，并将这些产品项目沿依赖矩阵的对角线分组成块，并使这些块的前导物料尽可能在块前出现。这样做后，可以通过依赖矩阵中元素的最优聚类（即子集或模块），实现产品项目物料的模块化划分，可使相互耦合的产品项目群对外而言只涉及较少的物料联系，以便对每一个聚类（模块）包含的产品项目群进行管理和实施，而

对整个化工产品链的开发建设来说,就可以按聚类(模块)分阶段科学组织实施。

②使每一个聚类(模块)——产品链中相互耦合紧密的产品项目群都应尽可能地独立于其他聚类(即聚类与聚类之间的联系被消除或者最小化),实现聚类之间的非耦合或较低程度的耦合,将有利于降低聚类与聚类之间(即产品项目群彼此之间)物料交互的复杂度。我们可以按每一聚类或模块中的产品项目群独立或较为独立地进行物流布局,通过分阶段开发实施,最终实现整个化工产品链物流布局的优化,达到最大限度地节约投资和减少物料传输费用的目的。

③在满足其他要求的情况下,使每一个聚类内部应包含尽可能多的联系。聚类内部联系越多,说明该聚类(产品项目群)内部的产品项目之间的物料联系越多,物料联系越多就反映了产品项目之间的联系越紧密,而产品项目之间的联系越紧密就越有利于节约投资和减少物料传输费用。对每一聚类或模块中的产品项目群,产品项目之间经过优化后的数值越大,表示该产品项目之间联系越紧密,在考虑该聚类或模块的物流布局时,应按数值从大到小依次优先考虑。

五、案例研究

××企业经过 50 多年的发展,已经成为一个集生产、科研、服务、贸易为一体的科工服贸相融并具有进出口经营权的综合型企业。本着产品链延伸、物质循环利用和构建完善的生态化工产品链网结构的原则,该厂所规划的化工产品链产品项目间的物料传输如图 5.10 所示。

按照 DSM 确定设计依赖矩阵任务依赖关系的原则,根据以上××企业化工产品链各产品项目之间的物料输送关系,可以对应得到相应的物料依赖矩阵,如图 5.11 所示。

对以上所得物料依赖矩阵进行聚类分析、行列变换,具体优化求解步骤如下。

①按 $R_{m_{ij}} = \dfrac{m_{ij}}{\sum\limits_{i=1}^{n}\sum\limits_{j=1}^{n} m_{ij}}$ ($n=9$) 对物料依赖矩阵进行归一化处理,计算后重新填入物料依赖矩阵,计算结果如图 5.12 所示。

第五章 化工产品链物流布局优化研究

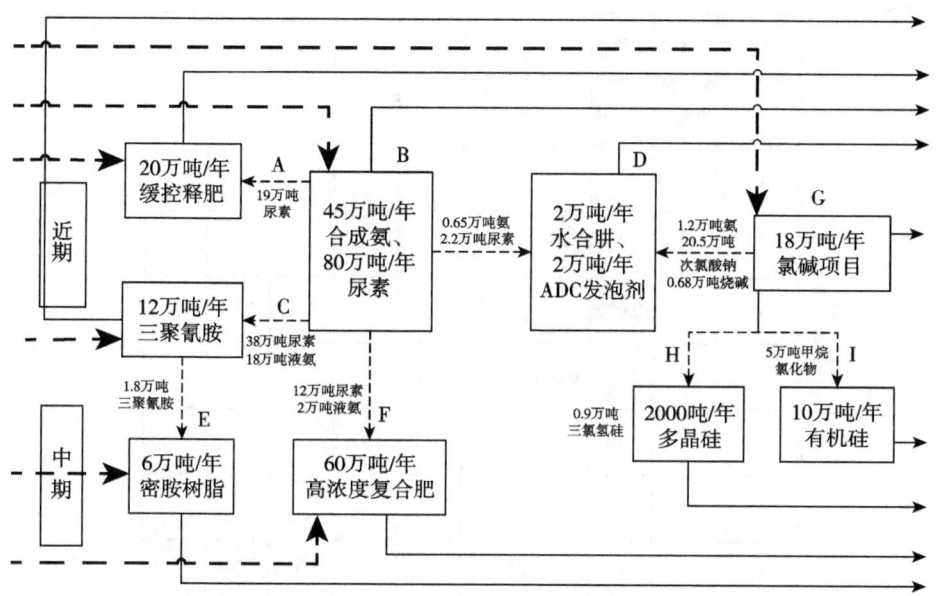

图 5.10 ××企业化工产品链物料规划

细虚箭头代表产品项目间的物料联系，粗虚箭头代表外购原料，实线箭头代表输出产品

产品	A	B	C	D	E	F	G	H	I
A		19							
B									
C		39.8							
D		2.85					22.38		
E			1.8						
F		14							
G									
H							0.9		
I							5		

图 5.11 ××企业化工产品链物料依赖矩阵

产品	A	B	C	D	E	F	G	H	I
A		0.180							
B									
C		0.376							
D		0.027					0.212		
E				0.017					
F		0.132							
G									
H							0.009		
I							0.047		

图 5.12 ××企业物料依赖矩阵归一化处理结果

②首先，在矩阵中识别无输入的产品项目，通过观察，如果矩阵中某一行元素全部为 0（空行），说明该产品项目不需要其他产品项目提供任何物料，则把该行移到依赖矩阵的最上方，本例中先将产品项目 B 所在行移到物料依赖矩阵最上方，后将产品项目 G 所在行移到产品项目 B 所在行的下方；然后，在矩阵中识别无输出的产品项目，通过观察，如果矩阵中某一列元素全部为 0（空列），说明该产品项目不向其他产品项目提供任何物料，则把这些元素放在依赖矩阵的最左方，本例中产品项目 A 不移动，产品项目 D、E、F、H、I 依次移动，结果如图 5.13 所示。

③在依赖矩阵中产品项目 F 与产品项目 C、G 无关，可将产品项目 F 移到产品项目 C 所在行的下方；产品项目 E 只与产品项目 C 有关，可将产品项目 E 下移到产品项目 I 下方，结果如图 5.14 所示。

④因产品项目 I 与产品项目 G 的物料依赖系数比产品项目 H 和产品项目 G 的物料依赖系数更大，将产品项目 I 移到产品项目 H 所在行的上方；产品项目 D 与产品项目 B、G 相关，将产品项目 G 移到产品项目 C 所在列的左边，结果如图 5.15 所示。

产品	A	D	E	F	H	I	B	C	G
B							▓		
G									▓
A	▓						0.180		
C							0.376		
D		▓					0.027		0.212
E			▓					0.017	
F				▓			0.132		
H					▓				0.009
I						▓			0.047

图 5.13 ××企业物料依赖矩阵行列互换结果（一）

产品	A	D	E	F	H	I	B	C	G
B							▓		
G									▓
A	▓						0.180		
C							0.376		
F				▓			0.132		
D		▓					0.027		0.212
H					▓				0.009
I						▓			0.047
E			▓					0.017	

图 5.14 ××企业物料依赖矩阵行列互换结果（二）

产品	A	D	E	F	H	I	B	G	C
B							▓		
G								▓	
A	▓						0.180		
C							0.376		▓
F				▓			0.132		
D		▓					0.027	0.212	
I						▓		0.047	
H					▓			0.009	
E			▓						0.017

图 5.15 ××企业物料依赖矩阵行列互换结果（三）

从图 5.15 可以看出，××企业物料依赖矩阵优化的结果是：化工产品链各产品项目的物流布局可以成两个组团，一个组团围绕产品项目 B（合成氨、尿素），依次布置产品项目 C（三聚氰胺）、产品项目 A（缓控释肥）和产品项目 F（高浓度复合肥）；至于产品项目 D（水合肼、ADC 发泡剂）与产品项目 B（合成氨、尿素）和产品项目 G（氯碱）都有物料联系，因 0.212>0.027，即产品项目 D 与产品项目 G 联系更紧密，所以将产品项目 D 纳入围绕产品项目 G（氯碱）组团布置。另一个组团围绕产品项目 G（氯碱）依次布置产品项目 D（水合肼、ADC 发泡剂）、产品项目 I（有机硅）和产品项目 H（多晶硅）。至于产品项目 E（密胺树脂），仅与产品项目 C（三聚氰胺）有物料联系，应靠近 C 布置。由此可以得出××企业化工产品链在地理物流布局上的优化结果，如图 5.16 所示。

根据以上优化结果，××企业化工产品链物流布局可以按聚类模块中的产品项目群分两阶段开发实施：第一阶段主要围绕产品项目 B 依次布置产品项目 A、C 和 F；第二阶段主要围绕产品项目 G 依次布置产品项目 D、I 和 H。

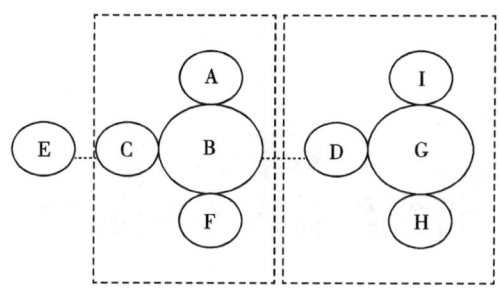

图 5.16 ××企业物流布局优化结果

第五节 本章小结

流程型企业通过对产品链进行合理规划、设计和优化，可以实现物料流、能量流、资金流和信息流的系统集成，实现产品共生、物质和能源循环利用。

首先，本章结合化工项目的特点，将平衡计分卡方法用于化工项目综合评价。平衡计分卡作为企业战略实施的工具，把战略置于中心位置，是各财务指标与非财务指标的综合体，是短期目标与长期目标的综合体，是内部效益与外部效益的综合体，为化工项目评价提供了一个全新视角。

其次，本章利用 LINGO 提供的 Set 语句可以实现面向对象（Object Oriented）的建模思想，通过引入经济效益、社会效益和环境效益，建立了产品链多目标优化的混合整数非线性规划（MINLP）模型，逻辑表达式的引入增加了模型的表达能力，案例分析证明了该优化模型的有效性。

最后，DSM 模型是用来分析设计任务依赖关系的一种模型，化工产品链中各产品项目之间存在物料依赖关系，根据这种物料依赖关系建立物料依赖矩阵，并通过一系列的行列变换对矩阵进行聚类重构与优化，按优化分析结果将生产过程中存在物料联系紧密的产品项目结合在一起，从而既节约物料传输费用又减少投资，案例分析验证了优化策略的有效性。

第六章
研究结论及未来展望

第一节 研究结论

随着国家对工业结构调整力度的加大和对环保要求的提高,我国会加大建设节约型企业、推行清洁生产的力度。开发更加节能降耗的工艺,走循环经济的道路,已是我国化工行业在目前形势下寻找新的经济增长点的必然选择。

化学工业发展循环经济是一项涉及面广、综合性强的系统工程,必须通过产业共生、产业新陈代谢和产业副产品协同系统的建立来实现,而对化工产品链延伸和优化又是全面提高化学工业循环经济发展水平的关键所在。本书在深入研究和分析化学产品工程方面先进技术的基础上,对平台化学品进行了定义,然后以化工产品链的延伸和优化为研究重点,结合化学工业的特点,从管理学角度,对平台化学品选择、基于平台化学品的化工产品链延伸、基于纵向一体化的化工产品链延伸及化工项目综合评价、化工产品链多目标优化和物流布局优化进行了深入研究,并得出如下结论。

①通过对"平台化学品"概念的进一步诠释,构建了选择平台化学品的综合评价模型,研究了基于平台化学品的化工产品链延伸路径选择方法。通过定义化工产品链延伸,研究了化工产品链延伸机制。根据产品平台策略的含义,结合化学工业的特点,对"平台化学品"的概念进一步诠释,丰富了产品平台策略的内涵。针对平台化学品的特点,提出了选择平台化学品的思路和方法,建立了选择平台化学品的综合评价模型。通过××企业化工产品链延伸案例分析,验证了基于平台化学品延伸化工产品链的有效性。

②研究了基于纵向一体化的化工产品链延伸。通过 Hart-Tirole 模型的扩展和延伸,分析了不确定性条件下产能过剩行业的纵向一体化动机、条件及

第六章
研究结论及未来展望

影响,得出了一些新的结论:当下游企业间规模和成本差异不大时,完全一体化会出现;在不确定性条件下,上游产能过剩为上下游企业纵向一体化创造了动机,该动机随并购成本下降而增加;纵向一体化的排斥效应将导致上游过剩产能退出市场,退出的可能性随上游企业单位产品投资成本的增加而增加。

③在化工项目综合评价的基础上,研究了化工产品链多目标优化问题。通过平衡记分卡的基本框架分析与化工项目综合评价的系统动力学机制分析,构建了化工项目综合评价模型;从循环经济出发,通过引入逻辑表达式,建立了化工产品链多目标优化的混合整数非线性规划(MINLP)模型,并以××企业产品链优化为对象进行了案例分析,证明了该模型的有效性。

④研究了基于物料依赖矩阵(MRM)的化工产品链物流布局优化策略。从化工产品链的各产品项目之间的物料联系出发,构建了各产品项目物料联系的物料依赖矩阵(MRM),通过聚类重构,提出了化工产品链物流布局优化策略,并通过案例验证了该优化策略的有效性。

本书研究了化工产品链的延伸与优化,产品链作为产业链的产品形式,是产业链的基础和核心。产品链延伸与优化研究是一个有重要管理意义的课题,期望通过本书的研究,能够提高化工企业产品链管理能力,加快我国化学工业发展循环经济、转变增长方式的进程。

第二节 未来展望

虽然在本书中提出了一些创新性的观点与方法,但是仍然存在一定的局限性与不足。这也就意味着,对此类不确定性条件下企业研发合作的研究还远没有结束。但受篇幅、时间及水平的限制,仍有许多问题没有充分展开论述,有的还没有进入本书的研究视野,但这并非意味着可以忽视这些问题的存在。下面就本书存在的局限性,提出在后续的工作中可以深入研究的几个方面。

第一,对平台化学品选择评价中利用数据包络分析模型进行分析,可获得不同方案平台化学品的相对有效性及方案的优劣顺序,同时利用数据包络分析模型能够反映出更多的有关方案内部的信息,如无效方案的主要影响指标及不同指标对方案的影响程度,便于决策者对方案的投入与产出指标进行

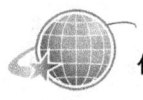
化工产品链延伸与物流优化研究

调整和分析,为决策者的科学决策提供依据。但输入、输出评价指标选取是根据经验并结合化学工业特点分析来确定的,可能会有不同选择,专家打分也具有主观性,都对评价结果有一定影响。而随着企业地位、发展阶段、市场环境、技术条件、经营战略目标及国家政策的变化,平台化学品也应及时进行更新与转换,今后可对此展开进一步研究。

第二,本书中的化工项目综合评价只给出了框架模型,今后可结合具体项目进一步做定量研究。化工产品链多目标优化追求产品链总利润最大化,涉及销售收入、社会效益(如解决就业)、成本支出、环境效益和费用摊销,其中社会效益、环境效益的评价是难点,今后可对此展开进一步研究。

第三,本书中的物流布局优化策略只考虑了物料依赖关系,没有考虑产品项目间的物料特点及具体地理条件等问题,有一定的局限性。在实际物流布局时,若某种物料危险性较高、要求特殊储存运输条件,或受项目所在地特殊地质结构、地形地貌限制,将会在一定程度上影响物流布局,则应对优化结果做适当调整,今后可对此展开进一步研究。

参考文献

[1] Araujo L, Spring M, 2006. Services, products, and the institutional structure of production [J]. Industrial Marketing Management, 35 (7): 797-805.

[2] Bhatia T K, Biegler L T, 1997. Dynamic optimization for batch design and scheduling with process model uncertainty [J]. Industrial & Engineering Chemistry Research, 36 (9): 3708-3717.

[3] Biegler L T, Grossmann I E, 2004. Retrospective on optimization [J]. Computers and Chemical Engineering, 28: 1169-1192.

[4] Cavin L, Fischer U, Moat A, et al, 2005. Batch process optimization in a multipurpose plant using Tabu Search with a design-space diversification [J]. Computers and Chemical Engineering, 29: 1770-1786.

[5] Dantzig G, Ferguson A, 1956. The allocation of aircraft routes, linear programming under uncertainty [J]. Management Science, 3: 130-139.

[6] Emons W, 1996. Good times, bad times, and vertical upstream integration [J]. International Journal of Industrial Organization, 14: 465-484.

[7] Eppinger S D, 1991. Model-based approaches to managing concurrent engineering [J]. Journal of Engineering Design, 2 (5): 283-290.

[8] Flores-Tlacuahuac A, Biegler L T, 2007. Simultaneous mixed-integer dynamic optimization for integrated design and control [J]. Computers and Chemical Engineering, 31 (5-6): 588-600.

[9] Fonseca C F, Fleming P J, 1993. Genetic algorithms for multi-objective optimization: formulation, discussion and generalization [C]. Genetic algorithms: Proceedings of the Fifth International Conference. San Mateo, CA: Morgan Kaufmann Publishing: 416-423.

[10] Gerald Berger, 2001. Ecological modernization as a basis for environmental

policy: current environmental discourse and policy and the implications on environmental supply chain management [J]. Innovation the European Journal of Social Science Research, 14 (1): 55-72.

[11] Glover F, 1986. Future paths for integer programming and links to artificial intelligence [J]. Computers and Operations Research, 5: 533-549.

[12] Grossman S, Hart O, 1986. The costs and benefits of ownership: a theory of vertical and lateral integration [J]. Political Economy, 94: 691-719.

[13] Grossmann I, 2004. Challenges in the new millennium: product discovery and design, enterprise supply chain optimization, life cycle assessment [J]. Computers & Chem Eng, 29: 29-39.

[14] Grossmann I E, Westberberg A W, 2000. Research challenges in process systems engineering [J]. AIChE Journal, 46: 1700-1703.

[15] Guria C, Verma M, Mehrotra S P, et al, 2005. Multi-objective optimal synthesis and design of froth flotation circuits for mineral processing, using the jumping gene adaptation of genetic algorithm [J]. Industrial & Engineering Chemistry Research (44): 2621-2633.

[16] Heijungs R, 1992. Environmental life cycle assessment of products: backgrounds [M]. Leiden: Multicopy: 57-101.

[17] Ignacio E Grossmann, Jorge Santibanez, 1980. Applications of mixed-integer linear programming in process synthesis [J]. Computers & Chemical Engineering, 4 (2): 205-214.

[18] Johannes Fresner, 1998. Cleaner production as means for effective environmental management [J]. Journal of Cleaner Production, 16: 171-179.

[19] Kasat R B, Gupta S K, 2003. Multi-objective optimization of an industrial fluidized-bed catalytic cracking unit (FCCU) using genetic algorithm (GA) with the jumping genes operator [J]. Computers and Chemical Engineering, 27: 1785-1800.

[20] Kasat R B, Kunzru D, Saraf D N, et al, 2002. Multi-objective optimization of industrial FCC units using elitist nondominated sorting genetic algorithm [J]. Industrial & Engineering Chemistry Research, 41: 4765-4776.

[21] Kilsum Kim, Dilip Chhajed, 2001. An experimental investigation of valu-

ation change due to commonality in vertical product line extension [J]. Research Technology Management, 18: 219-230.

[22] Krishnan V, Singh R, Tirupati D, 1998. A model-based approach for planning and developing a family of technology-based products [J]. The University of Texas at Austin Management Department Working Paper: 75-81.

[23] Leyffer S, 2001. Integrating SQP and branch and bound for mixed integer nonlinear programming [J]. Computational Optimization and Applications, 18: 295-309.

[24] Li C, Zhu Q, Geng Z, 2007. Multi-objective particle swarm optimization hybrid algorithm: an application on industrial cracking furnace [J]. Industrial & Engineering Chemistry Research, 46: 3602-3609.

[25] Li J, Zhang J, Ge W, et al, 2004. Multi-scale methodology for complex systems [J]. Chemical Engineering Science, 59: 1687-1700.

[26] MacDuffie J P, Sethuraman K Fisher M L, 1996. Product variety and manufacturing performance: evidence from the international automotive assembly plant study [J]. Management Science, 42 (3): 350-369.

[27] Maris M, Robert D, Dennis T, 1999. The balanced scorecard: a foundation for the strategic management for information systems [J]. Decision Support Systems, 25: 71-88.

[28] Martinez M T, Fouletier P, Pau K H, et al, 2001. Virtual enterprise-organization, evohttion and control [J]. International, Journal of Production Economics, 74: 237-250.

[29] Meyer M H, Tertzakian P, Utterback J, 1997. Metrics for managing product development within a product family context [J]. Management Science, 43 (1): 88-111.

[30] Mitra K, Deb K, Gupta S K, 1998. Multiobjective dynamic optimization of an industrial Nylon 6 semibatch reactor using genetic algorithms [J]. Journal of Applied Polymer Science, 69 (1): 69-87.

[31] Rajesh J K, Gupta S K, Rangaiah G P, et al, 2001. Multi-objective optimization of industrial hydrogen plants [J]. Chemical Engineering Science, 56: 999-1010.

[32] Rajesh J K, Gupta S K, Rangaiah G P, et al, 2000. Multiobjective op-

timization of steam reformer performance using genetic algorithm [J]. Industrial & Engineering Chemistry Research, 39 (3): 706-717.

[33] Sahinids N V, Grossmann I E, Fornari R E, et al, 1989. Optimization model for long range planning in the chemical industry [J]. Computers Chem Eng, 13 (9): 1049-1063.

[34] Sarkar D, Rohani S, Jutan A, 2006. Multi-objective optimization of seeded batch crystallization processes [J]. Chemical Engineering Science, 61: 5282-5295.

[35] Simpson T W, Rosen D, Allen J K, et al, 1998. Metrics for assessing design freedom and information certainty in the early stages of design [J]. Mechanical Design, 120 (4): 628-635.

[36] Tarafder A, Rangaiah G P, Ray A K, 2005. Multiobjective optimization of an industrial styrene monomer manufacturing process [J]. Chemical Engineering Science, 60: 347-363.

[37] Wintermantel K, 1999. Present and future challenges [J]. Chem Eng Sci, 54: 1601-1620.

[38] Yassine A A, FalKenburg D R, 1999. A framework for design process specifications management [J]. Journal of Engineering Design, 10 (3): 223-234.

[39] Yu W, Hidajat K, Ray A K, 2005. Optimization of reactive simulated moving bed and varicol systems for hydrolysis of methyl acetate [J]. Chemical Engineering Journal, 112: 57-72.

[40] 安士伟, 贾学峰, 2004. 我国高新技术开发区物流布局研究 [J]. 科技进步与对策 (7): 144-145.

[41] 蔡猷花, 陈国宏, 向小东, 2010. 集群供应链链间技术创新博弈分析 [J]. 中国管理科学, 18 (1): 72-77.

[42] 蔡小军, 李双杰, 刘启浩, 2006. 生态工业园共生产业链的形成机理及其稳定性研究 [J]. 软科学, 20 (3): 12-14.

[43] 陈博, 1999. 产业链与区域经济的发展 [J]. 工业技术经济 (5): 44-58.

[44] 程宏伟, 2009. 西部地区资源产业链优化研究 [M]. 成都: 西南财经大学出版社: 54-58.

[45] 陈洪章, 王岚, 2008. 生物基产品制备关键过程及其生态产业链集成

的研究进展 [J]. 过程工程学报, 8 (4): 676-681.

[46] 陈清泰, 2004. 企业面临的形势与改革 [J]. 管理世界 (8): 1-8.

[47] 程志刚, 陈德钊, 吴晓华, 等, 2005b. 进化规划-蚁群优化算法的构建并用于化工过程操作优化 [J]. 化工学报, 56 (12): 2361-2366.

[48] 程志刚, 陈德钊, 吴晓华, 2005a. 连续蚁群优化算法的研究 [J]. 浙江大学学报 (工学版), 39 (8): 1147-1151.

[49] 崔铁宁, 2007. 循环经济概论 [M]. 北京: 中国环境科学出版社: 62-63.

[50] 戴科术, 2008. 石化产业如何迎接黄金发展期: 镇海石化产业集群发展思索 [J]. 浙江经济 (15): 49.

[51] 邓正龙, 1992. 化工中的优化方法 [M]. 北京: 化学工业出版社: 44-59.

[52] 杜志明, 郑华珍, 2004. 肉桂酸产品链消化四氯化碳的前景展望 [J]. 化工生产与技术, 11 (5): 27-28.

[53] 段宁, 2005. 物质代谢与循环经济 [J]. 中国环境科学 (5): 46-51.

[54] 樊庆锌, 敖红光, 孟超, 2007. 生命周期评价 [J]. 环境科学与管理, 32 (6): 177-180.

[55] 菲利普·科特勒, 1996. 营销管理: 分析、计划和控制 [M]. 梅汝和, 等译校. 上海: 上海人民出版社.

[56] 冯金飞, 卞新民, 彭长青, 等, 2005. 基于遗传算法和GIS的作物物流布局优化 [J]. 农业现代化研究, 26 (4): 302-305.

[57] 冯之浚, 2004. 论循环经济 [J]. 中国软科学 (10): 38-42.

[58] 付启敏, 刘伟, 黎筠, 2008. 基于平台化学品的化工产品链延伸研究 [J]. 科技进步与对策, 32 (4): 40-43.

[59] 高建新, 刘伟, 2005. 基于平台策略的产品开发流程研究 [J]. 工业技术经济 (4): 109-112.

[60] 龚勤林, 2003. 产业链延伸的价格提升研究 [J]. 价格理论与实践 (3): 34.

[61] 龚勤林, 2004. 区域产业链研究 [D]. 成都: 四川大学.

[62] 顾荣良, 杜志伟, 2003. 如何编制产品链 [J]. 石油化工技术经济, 19 (5): 62.

[63] 顾宗勤, 2004. 我国化工园区的建设和发展 [J]. 国际石油经济 (6): 52-55.

[64] 郭海军, 2003. 产业链的构建是产业化经营的关键 [J]. 柴达木开发研究 (1): 26-28.

[65] 郭金喜, 黄丙志, 2006. 以产业集群统筹化工园区发展: 发达国家的经验 [J]. 石油化工技术经济, 22 (6): 36-40.

[66] 郭庆方, 2007. 工业园区: 化工行业发展循环经济的有效途径 [J]. 化学工业, 25 (11): 25-27.

[67] 韩玉堂, 2009. 国际视角的循环经济: 实践、经验及启示 [J]. 学习与探索 (6): 38-39.

[68] 何振红, 2005. 循环起来是最大的节约: 一家化工企业的产业链剖析 [J]. 中国高新技术企业 (6): 68-70.

[69] 贺益君, 陈德钊, 2006. 用于多目标优化的蚁群算法的构建及其应用 [J]. 高技术通讯, 16 (12): 1241-1245.

[70] 贺益君, 俞欢军, 成飙, 等, 2007. 多目标粒子群算法用于补料分批生化反应器动态多目标优化 [J]. 化工学报, 58 (5): 1262-1270.

[71] 胡树华, 李必强, 海丰, 2000. 面向产品创新的管理集成 [J]. 中国软科学 (4): 87-89.

[72] 胡树华, 左继宏, 何山, 2004. 一种产品链的认定方法及应用 [J]. 数学的实践与认识, 34 (9): 20-24.

[73] 胡树华, 2001. 产品创新管理 [M]. 北京: 科学出版社.

[74] 胡树华, 2000. 面向产品创新的管理集成 [J]. 中国软科学 (4): 21-26.

[75] 黄丙志, 蒋志明, 2007. 从上海国际化工城看绿色集群的创新模式 [J]. 经济管理 (21): 72.

[76] 黄智贤, 邱挺, 吴燕翔, 2009. 考虑环境因素的天然气化工产品链设计 [J]. 化学工程师 (1): 24-26.

[77] 蒋国俊, 蒋明新, 2004. 产业链理论及其稳定机制研究 [J]. 重庆大学学报 (1): 36-38.

[78] 解振华, 2004. 坚持求真务实树立科学发展观推进循环经济发展 [J]. 环境经济 (8): 12-20.

[79] 肯尼斯·W 克拉克森, 罗杰·勒鲁瓦·米勒, 1989. 产业组织: 理论、证据和公共政策 [M]. 上海: 上海三联书店: 196-197.

[80] 肯尼斯·阿罗, 1989. 信息经济学 [M]. 北京: 北京经济学院出版社: 145-147.

参考文献

[81] 雷宏振，2001. 一种有效的企业产品开发规划方法 [J]. 山东经济（6）：46-48.

[82] 李伯耿，罗英武，2005. 产品工程学：化学反应工程的新拓展 [J]. 化工进展，24（4）：337-340.

[83] 李初福，何小荣，张秋怡，等，2005. 石化企业图形化生产计划优化系统的开发及其应用 [J]. 石油炼制与化工，36（10）：45-47.

[84] 李浩，沈祖志，2000. 炼油生产调度模型研究 [J]. 运筹学学报，4（2）：54-60.

[85] 李洪波，熊中楷，杨秀苔，2005. 垄断产品链中革新合作机制的研究 [J]. 系统工程学报，20（1）：98-103.

[86] 李平，狄辉，2006. 产业价值链模块化重构的价值决定研究 [J]. 中国工业经济（9）：71-77.

[87] 李琼玖，廖宗富，漆长席，等，2005. 甲醇燃料与化工产品链工业的发展策略 [J]. 化肥设计，43（2）：3-7.

[88] 李善局，2003. 马克思主义关于生态问题的理论贡献 [J]. 衡阳师范学院学报（社会科学版），24（2）：27-29.

[89] 李心芹，李仕明，兰永，2004. 产业链结构类型研究 [J]. 电子科技大学学报（社科版）（4）：35-39.

[90] 李心芹，2005. 产业链若干问题研究：特性、类型、利益分配 [D]. 成都：电子科技大学.

[91] 李振峰，2004. 聚酯产品链价格相关性分析 [J]. 化工技术经济，22（8）：35-37.

[92] 梁诚，2005. 硝基氯苯产品链发展建议 [J]. 江苏化工，33（1）：5-8.

[93] 梁日中，胡山鹰，沈静珠，等，2004. 黄磷产业的一种多产品共生模式 [J]. 现代化工（7）：4-8.

[94] 柳键，2003. 高科技产品链的供需关系及其协调决策研究 [J]. 科技进步与对策（16）：17-19.

[95] 刘毅军，姜海超，2003. 开发利用天然气要重视产业链风险 [J]. 天然气工业，23（6）：150-154.

[96] 卢明华，李国平，杨小兵，2004. 从产业链角度论中国电子信息产业发展 [J]. 中国科技论坛（4）：17-19.

[97] 卢明华，李国平，2009. 全球电子信息产业价值链及对我国的启示

[J]. 煤炭学报, 34 (7): 63-69.

[98] 吕涛, 聂锐, 刘玥, 2009. 煤炭产业链的区域效率评价及优化策略 [J]. 北京大学学报 (4): 1003-1007.

[99] 吕启东, 2003. 以发展平台化学品为切入点延伸石化产品链 [J]. 石油化工技术经济 (5): 1-4.

[100] 罗伯特·D 巴泽尔, 拉德利·T 盖尔, 2000. 战略与绩效: PIMS 原则 [M]. 北京: 华夏出版社.

[101] 罗焕佐, 宋国宁, 王晓峰, 等, 2003. 流程企业智能排产与优化调度技术 [J]. 计算机集成制造系统, 9 (11): 980-984.

[102] 马凯, 2004-10-19. 贯彻落实科学发展观推进循环经济发展 [N]. 人民日报, 3.

[103] 马丽卿, 胡卫伟, 2009. 产业转型期的长三角区域海洋旅游特色产品链构建 [J]. 人文地理 (2): 125-128.

[104] 迈克尔·迪屈奇, 1999. 交易成本经济学: 关于公司的新的经济意义 [M]. 王铁生, 葛立成, 译. 北京: 经济科学出版社.

[105] 迈克尔·波特, 2003. 竞争优势 [M]. 陈小悦, 译. 北京: 华夏出版社.

[106] 迈克尔·E 麦格拉思, 2001. 高技术企业产品战略 [M]. 2版. 刘求生, 译. 北京: 清华大学出版社.

[107] 聂辉华, 李金波, 2008. 资产专用型、敲竹杠和纵向一体化 [J]. 经济学家 (4): 53-58.

[108] 聂子龙, 李浩, 2003. 纵向一体化: 理论考察与述评 [J]. 生产力研究 (6): 27-29.

[109] 普利文·古塔, 2005. 六西格玛计分卡 [M]. 方海萍, 魏青江, 译. 北京: 机械工业出版社: 9.

[110] 卜庆军, 占赞歌, 孙春晓, 2006. 基于企业核心竞争力的产业链整合模式研究 [J]. 企业经济 (2): 59-61.

[111] 祁晓丽, 方兴君, 刘良生, 2002. 对炼油化工改扩项目经济评价方法的再认识 [J]. 国际石油经济 (11): 47-48.

[112] 钱伯章, 2008. 巴西乙醇生产及其产业链的拓展 [J]. 现代化工, 28 (5): 85-88.

[113] 钱积新, 鲍立威, 1998. 生产过程综合自动化中的在线优化 [J]. 石油化工自动化 (5): 2-4.

[114] 钱晓龙,唐立新,刘文新,2001.动态调度的研究方法综述[J].控制与决策(3):141-145.

[115] 钱宇,潘吉铮,江燕斌,等,2003.化学产品工程的理论和技术[J].化工进展,22(3):217-223.

[116] 钱宇,闫志国,2004.化学产品全生命周期集成研究的机会和挑战[J].自然科学进展,14(11):1215-1220.

[117] 秦伟程,2003.氯甲苯合成技术进展与下游产品链建设[J].化工中间体(17):1-8.

[118] 秦杨勇,2006.平衡计分卡与绩效管理[M].北京:中国经济出版社:14.

[119] 任勇,陈燕平,周国梅,等,2005.我国循环经济的发展模式[J].中国人口资源与环境,15(5):137-142.

[120] 芮明杰,郁义鸿,任江波,2006.论产业链的整合[M].上海:复旦大学出版社.

[121] 芮明杰,刘明宇,2006.网络状产业链的知识整合研究[J].中国工业经济(1):50-55.

[122] 尚欣,殷国富,杨佐卫,等,2009.包装机企业产品链规划的可重构模块方案设计[J].包装工程,30(11):111-114.

[123] 邵之江,张余岳,钱积新,1997.面向方程联立求解的精馏塔模拟与优化一体化算法[J].化工学报,48(1):46-51.

[124] 施国强,李伯虎,柴旭东,2007.基于设计结构矩阵的复杂产品开发项目规划模型[J].计算机集成制造系统,13(11):2105-2109.

[125] 宋航,2004.化工技术经济[M].北京:化学工业出版社.

[126] 苏东水,2002.产业经济学[M].北京:高等教育出版社.

[127] 孙力,樊希山,姚平经,2003.化工过程多目标优化适宜解的模糊确定[J].化工进展,22(z1):57-61.

[128] 孙力,贺高红,樊希山,等,2004.基于多目标模糊优选理论的化合物环境影响指数确定及应用[J].化工学报,55(9):1550-1554.

[129] 孙先良,2005.循环经济与构建化肥工业新的产业链[J].现代化工,25(4):1-4.

[130] 孙勇,2005.循环经济理论与实践[J].学习与探索(2):168-171.

[131] 田华,2009.洛带客家传统文化转化为旅游产品链研究[J].商场

现代化（2）：260-261.

[132] 田俊芳，卢杨，2007. 平衡记分卡在国有企业绩效评价中的运用：以 A 集团股份有限公司为例［J］. 管理评论（11）：121.

[133] 童洁，张旭梅，但斌，2010. 制造业与生产性服务业融合发展的模式与策略研究［J］. 软科学，24（2）：75-78.

[134] 王大全，侯培民，2010. 石化产业链绿色化发展与思考［J］. 石油化工技术与经济（1）：1-4.

[135] 王读升，张国行，2010. 统筹发展以技术进步促煤化工产业升级［J］. 山东冶金，32（2）：6-7.

[136] 王如松，2003. 循环经济建设的产业生态学方法［J］. 产业与环境（z1）：48-52.

[137] 王曙光，1998. 最小排放社区有关问题的研究［D］. 北京：清华大学：55-64.

[138] 王志宏，何志强，2003. 矿区可持续发展中的技术创新与产业链延伸［J］. 煤炭学报，28（4）：348-352.

[139] 王毅，毛义华，陈劲，等，1999. 新产品开发管理新范式：基于核心能力的平台方法［J］. 科研管理，20（5）：6-12.

[140] 王毅，袁宇航，2003. 新产品开发中的平台战略研究［J］. 中国软科学（4）：55-58.

[141] 韦伯，1997. 工业区位论［M］. 李刚剑，等译. 北京：商务印书馆.

[142] 韦鹤平，1987. 最优化技术应用［M］. 上海：同济大学出版社：22-48.

[143] 魏来，陈宏，张洁，2009. 产业链价格波及效应的不对称传递［J］. 系统工程理论与实践，29（7）：1-7.

[144] 魏权龄，2004. 数据包络分析［M］. 北京：科学出版社.

[145] 巫景飞，芮明杰，2007. 产业模块化的微观动力机制研究：基于计算机产业演化史的考察［J］. 管理世界（10）：75-83.

[146] 吴琨，2004. 新型工业化与化工产业集群发展的探讨［J］. 化工技术经济，22（5）：5-8.

[147] 吴季松，2003. 循环经济［M］. 北京：北京出版社：3.

[148] 吴季松，2008. 循环经济概论［M］. 北京：北京航空航天大学出版社.

[149] 吴文江，2002. 数据包络分析及其应用［M］. 北京：中国统计出

版社.

[150] 席旭东,耿殿明,郝占刚,2009. 矿区生态产业链(网)及其产业规模研究[J]. 煤炭学报(11): 1579-1584.

[151] 项保华,易雪峰,2000. IT行业的产品平台战略[J]. 科研管理(3): 43-48.

[152] 谢萍华,陆伟,2008. 绿色化学与我国化工行业的可持续发展[J]. 杭州化工,38(2): 5-7.

[153] 邢文训,谢金星,1999. 现代优化计算方法[M]. 北京:清华大学出版社: 34-46.

[154] 徐康宁,韩剑,2006. 中国钢铁产业的集中度、布局与结构优化研究:兼评2005年钢铁产业发展政策[J]. 中国工业经济(2): 37-44.

[155] 亚德里安·斯莱沃斯基,大卫·莫里森,劳伦斯·艾伯茨,等,2003. 发现利润区[M]. 北京:中信出版社: 62-63.

[156] 闫志国,钱宇,李秀喜,2005. 化工过程综合问题MINLP算法中整型变量的连续化[J]. 高校化学工程学报,19(5): 670-674.

[157] 杨公朴,夏大慰,1999. 现代产业经济学[M]. 上海:上海财经出版社.

[158] 杨劲,吴子燕,孙树栋,2005. 建筑工程设计过程规划研究[J]. 系统工程理论与实践(10): 125-130.

[159] 杨宁,周雄辉,阮雪榆,2007. 注塑产品并行开发工作流规划方法研究[J]. 计算机集成制造系统,13(1): 74-80.

[160] 杨夕强,史立英,2007. 发展循环经济促进化工行业持续发展[J]. 商业现代化(3): 275.

[161] 杨雪锋,2006. 循环经济的运行机制研究[D]. 武汉:华中科技大学.

[162] 姚建初,刘伯龙,1996. 连续过程工业生产调度专家系统[J]. 交通与计算机,14(1): 20-24.

[163] 尹永晶,范峥玉,赵进军,2003. 新时期石油装备产品结构的调整与选择[J]. 石油机械(31): 122-125.

[164] 袁亚湘,孙文瑜,2001. 最优化理论与方法[M]. 北京:科学出版社: 215-259.

[165] 曾永昌,2006. 公共品生产的体制逻辑、发展误区和改革趋势:以

公务员公共品产品链为分析框架的公共品制度思考 [J]. 社会科学研究 (2): 32-38.

[166] 张兵, 陈德钊, 2004a. 基于反 S 型变换的 pH 跟踪控制 [J]. 化工自动化及仪表, 31 (1): 25-27.

[167] 张兵, 陈德钊, 饶俊, 2004b. 优进策略支持的进化规划估计反应动力学参数 [J]. 高校化学工程学报, 18 (5): 638-642.

[168] 张兵, 陈德钊, 吴晓华, 2005b. 分级优化用于化工动态优化中的边值固定问题 [J]. 化工学报, 56 (7): 1276-1280.

[169] 张兵, 陈德钊, 俞欢军, 2004c. 通用回归神经网络及其用于渣油裂解建模 [J]. 浙江大学学报 (工学版), 38 (6): 653-657.

[170] 张兵, 陈德钊, 2005a. 迭代遗传算法及其用于生物反应器的补料优化 [J]. 化工学报, 56 (1): 43-46.

[171] 张兵, 俞欢军, 陈德钊, 2006. 序贯优化化工动态问题的蚁群算法 [J]. 高校化学工程学报, 20 (1): 27-31.

[172] 张建芬, 2004. 金陵石化生产计划优化研究 [D]. 南京: 南京航空航天大学.

[173] 张连国, 2007. 广义循环经济学的科学范式 [M]. 北京: 人民出版社: 3.

[174] 张琦, 孙理军, 2005. 产业价值链密炼机理及优化模型研究 [J]. 工业技术经济 (7): 111-113.

[175] 张蕊, 2000. 战略平衡记分卡: 衡量企业战略经营业绩的新指标体系 [J]. 当代财经 (10): 76.

[176] 张锁江, 张香平, 2004. 分子工程与过程工程 [M] // 中国科学院化学学部和国家自然科学基金委员会化学科学部. 展望 21 世纪的化学工程. 北京: 化学工业出版社.

[177] 张锁江, 张香平, 2006. 绿色过程系统集成 [M]. 北京: 中国石化出版社.

[178] 张香亭, 2002. 提升选煤技术构筑绿色产品链 [J]. 中国煤炭, 28 (5): 43-45.

[179] 张秀华, 陈伟, 2008. 基于竞争优势的组合旅游产品链研究 [J]. 华东经济管理, 22 (12): 72-74.

[180] 张耀辉, 2002. 产业创新的理论探索: 高新技术产业发展规律研究 [M]. 北京: 中国计划出版社.

[181] 张颖心,沈剑,韩艳,等,2008. 基于循环经济的毛竹产业链设计[J]. 浙江大学学报(工学版),42(12):2187-2191.

[182] 张余岳,钱积新,1998. 非恒温非绝热固定床反应器非均相模型及其求解[J]. 化学反应工程与工艺,14(3):251-256.

[183] 张余岳,邵之江,钱积新,1997. 精馏塔模拟的面向方程联立算法[J]. 浙江大学学报,31(9):137-142.

[184] 张余岳,邵之江,钱积新,1996. 精馏塔模拟与优化的一体化算法研究[J]. 上海交通大学学报,30(2):19-24.

[185] 张宗臣,苏敬勤,2001. 技术平台及其在企业核心能力理论中的地位[J]. 科研管理,22(6):76-81.

[186] 赵德强,2006. 兰州石化分公司炼油厂生产方案优化研究[D]. 兰州:兰州大学.

[187] 郑胜利,俞珊,2005. 经济全球化背景下的区域产业链培育[J]. 集美大学学报(8):3.

[188] 郑学益,2000. 构筑产业链形成核心竞争力:兼谈福建发展的定位及其战略选择[J]. 福建改革(8):14-15.

[189] 周华,钱宇,李秀喜,等,2008. 间歇反应过程的动态优化与集成控制[J]. 华南理工大学学报(自然科学版),36(11):51-56.

[190] 周路明,2001. 关注高科技"产业链"[J]. 深圳特区科技(11):10-11.

[191] 周志奎,何银仁,张慧,等,2001. 过程工业长远规划模型[J]. 石油炼制与化工,32(3):40-43.

[192] 朱乃昌,2007. 利用循环经济理念促进化工产品链延伸[J]. 辽宁化工,36(1):38-39.

图书购买或征订方式

关注官方微信和微博可有机会获得免费赠书

 淘宝店购买方式：
直接搜索淘宝店名：科学技术文献出版社

 **微信购买方式：**
直接搜索微信公众号：科学技术文献出版社

 重点书书讯可关注官方微博：
微博名称：科学技术文献出版社

 电话邮购方式：

联系人：王　静
电话：010-58882873，13811210803
邮箱：3081881659@qq.com
QQ：3081881659

汇款方式：
户　名：科学技术文献出版社
开户行：工行公主坟支行
帐　号：0200004609014463033